AF194060

Impressum
Verlag: BABADADA GmbH, Nedderfeld 112 , 22529 Hamburg
Geschäftsführer / Verlagsleitung: Harald Hof
Druck: Books on Demand GmbH, In de Tarpen 42, 22848 Norderstedt

Imprint
Publisher: BABADADA GmbH, Nedderfeld 112 , 22529 Hamburg, Germany
Managing Director / Publishing direction: Harald Hof
Print: Books on Demand GmbH, In de Tarpen 42, 22848 Norderstedt, Germany

школа

escuela

учиона
aula

делити
dividir

186/2

плоча
pizarra

школско двориште
patio

наставник
maestro/a

папир
papel

писати
escribir

хемијска оловка
bolígrafo

писаћи сто
escritorio

лењир
regla

књига
libro

ученик
alumno/a

торба
cartera

перница
caja de lápices

графитна оловка

lápiz

шиљило за оловке
sacapuntas

гумица за брисање
goma de borrar

блок за цртање
cuaderno de dibujo

цртеж

dibujo

кист

pincel

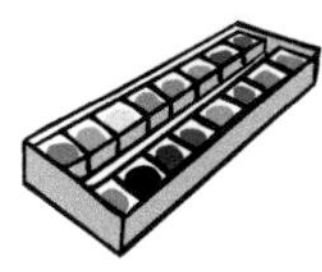

кутија са бојама

caja de pinturas

маказе

tijeras

лепило

pegamento

бележница

cuaderno de ejercicios

домаћи задатак

deberes

број

número

2+2

сабирати

sumar

одузимати

restar

множити

multiplicar

рачунати

calcular

слово

letra

ABCDEFG
HIJKLMN
OPQRSTU
VWXYZ

абецеда

alfabeto

реч

palabra

текст
texto

читати
leer

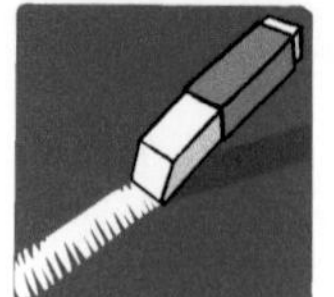

креда
tiza

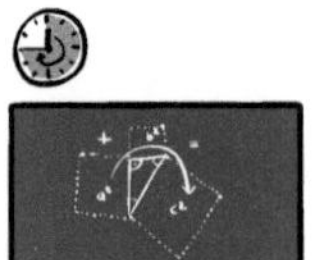

час
lección

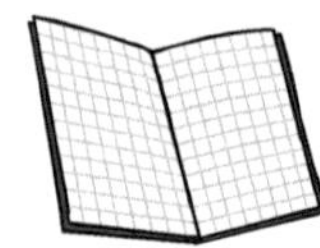

дневник
cuaderno de notas

испит
examen

сведочанство
certificado

школска униформа
uniforme escolar

образовање
educación

лексикон
enciclopedia

универзитет
universidad

микроскоп
microscopio

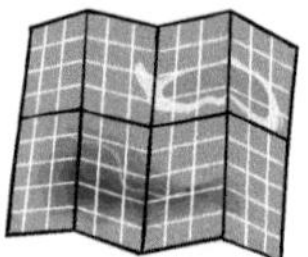

карта
mapa

кошара за папир
papelera

путовање
viaje

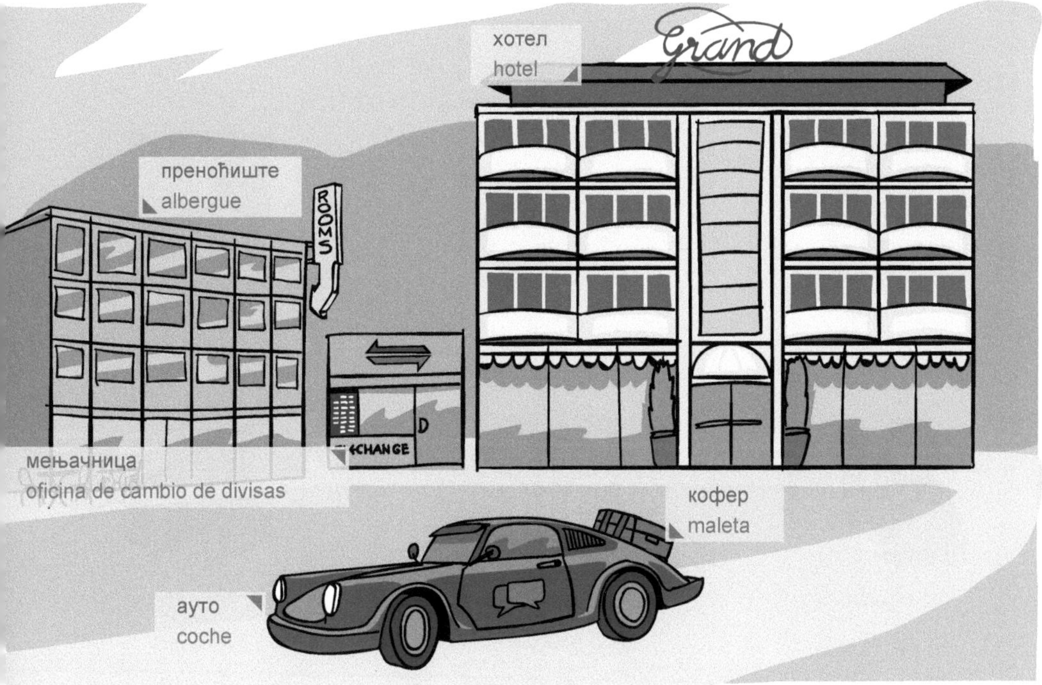

хотел
hotel
Grand
преноћиште
albergue
ROOMS
мењачница
oficina de cambio de divisas
кофер
maleta
ауто
coche

језик

idioma

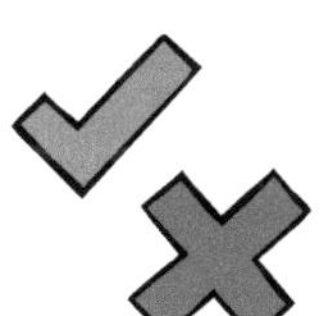

да / не

sí / no

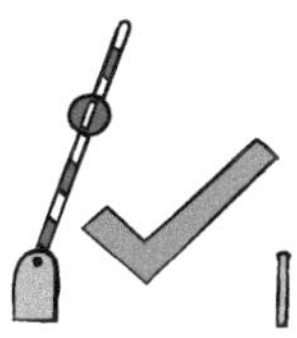

океј

Vale

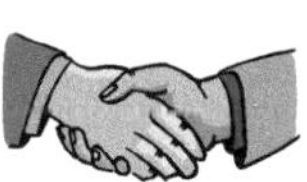

здраво

hola

преводилац

traductor

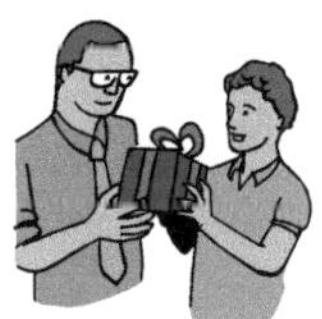

хвала

Gracias

Колико кошта...?

¿cuánto es...?

не разумем

No entiendo

проблем

problema

добро вече!

¡Buenas tardes!

Добро јутро!

¡Buenos días!

Лаку ноћ!

¡Buenas noches!

довиђења

adiós

смер

dirección

пртљага

equipaje

торба

bolsa

руксак

mochila

гост

invitado

соба

habitación

врећа за спавање

saco de dormir

шатор

tienda de campaña

туристичке информације

información turística

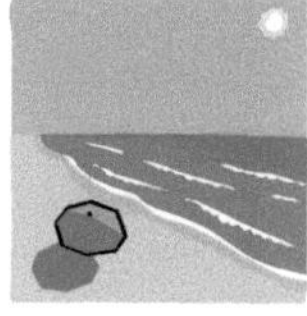

плажа

playa

кредитна картица

tarjeta de crédito

доручак

desayuno

ручак

almuerzo

вечера

cena

карта за вожњу

billete

лифт

ascensor

поштанска маркица

sello

граница

frontera

царина

aduana

амбасада

embajada

виза

visa

пасош

pasaporte

транспорт

transporte

брод
barco

авион
avión

ватрогасно возило
coche de bomberos

аутобус
autobús

теретно возило
camión

моторни чамац
lancha a motor

бицикл
bicicleta

ауто
coche

трајект

transbordador

чамац

barca

мотоцикл

moto

полицијски ауто

coche de policía

тркаћи ауто

coche de carreras

изнајмљено ауто

coche de alquiler

делење аутомобила

préstamo de vehículos

вучно возило

grúa

возило за одвоз смећа

camión de la basura

мотор

motor

бензин

gasolina

бензинска станица

gasolinera

саобраћајни знак

señal de tráfico

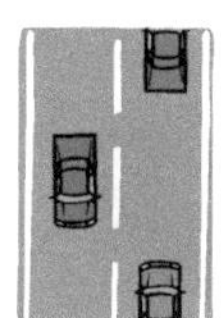

саобраћај

tráfico

застој

atasco

паркиралиште

aparcamiento

железничка станица

estación de tren

шине

vías

воз

tren

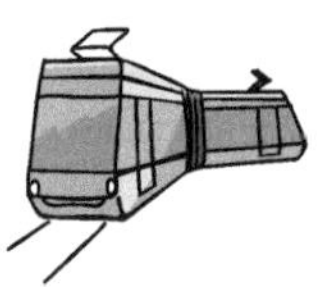

трамвај

tranvía

вагон

vagón

хеликоптер

helicóptero

аеродром

aeropuerto

кула

torre

путник

pasajero

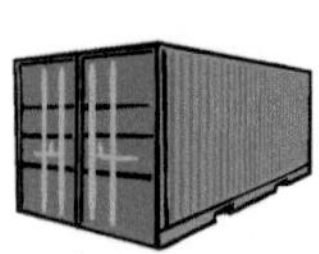

контејнер

contenedor

картон

caja de cartón

колица

carretilla

корпа

cesta

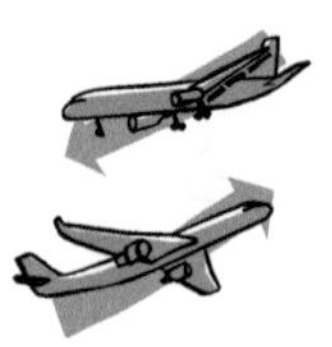

узлетети / слетети

despegar / aterrizar

град

ciudad

село

pueblo

центар града

centro de ciudad

кућа

casa

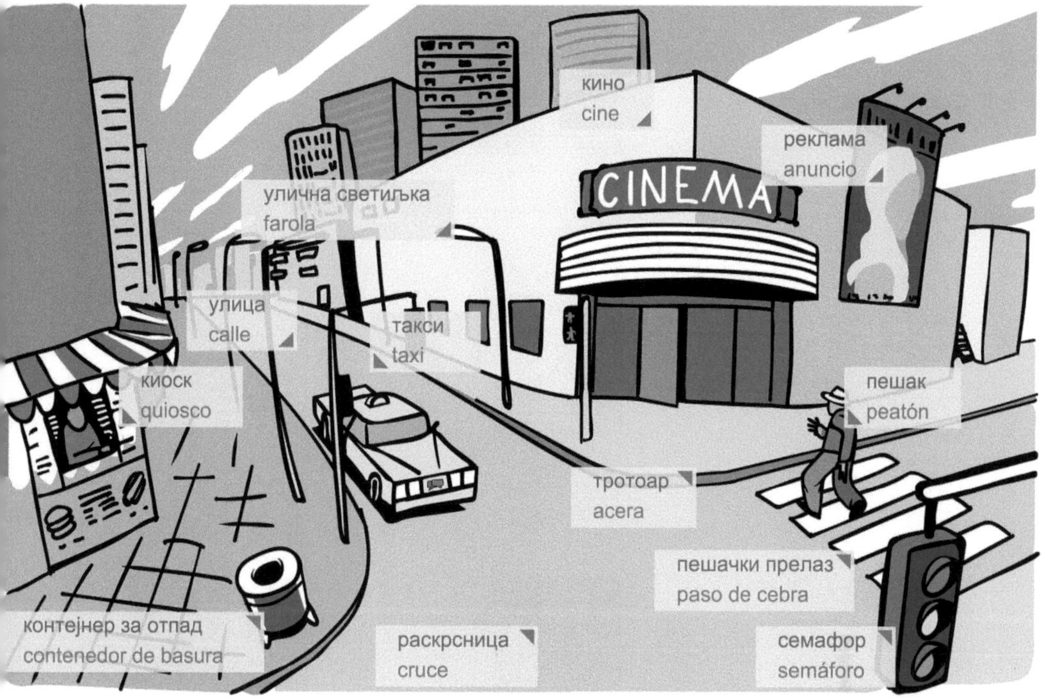

кино
cine

реклама
anuncio

улична светиљка
farola

улица
calle

такси
taxi

киоск
quiosco

пешак
peatón

тротоар
acera

пешачки прелаз
paso de cebra

контејнер за отпад
contenedor de basura

раскрсница
cruce

семафор
semáforo

колиба

cabaña

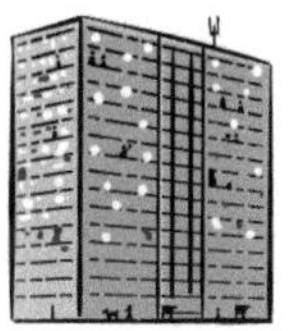

стан

apartamento

железничка станица

estación de tren

већница

ayuntamiento

музеј

museo

школа

escuela

универзитет

universidad

банка

banco

болница

hospital

хотел

hotel

апотека

farmacia

канцеларија

oficina

књижара

librería

продавница

tienda

цвећара

floristería

супермаркет

supermercado

трг

mercado

робна кућа

grandes almacenes

рибарница

pescadería

трговачки центар

centro comercial

лука

puerto

парк

parque

клупа

banco

мост

puente

степенице

escaleras

подземна железница

metro

тунел

túnel

аутобуска станица

parada de autobús

бар

bar

ресторан

restaurante

поштанско сандуче

buzón

улични знак

poste indicador

паркирни аутомат

parquímetro

зоолошки врт

zoo

базен

piscina

џамија

mezquita

сеоско газдинство

granja

загађење околине

contaminación

гробље

cementerio

црква

iglesia

игралиште

patio de juego

храм

templo

пејсаж

paisaje

лист
hoja

путоказ
señal

пут
camino

ливада
prado

камен
piedra

шетач
excursionista

дрво
árbol

река
río

трава
hierba

цвет
flor

долина

valle

планина

colina

језеро

lago

шума

bosque

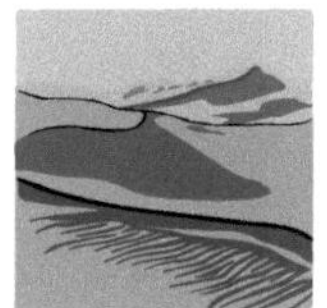

пустиња

desierto

вулкан

volcán

дворац

castillo

дуга

arcoíris

гљива

champiñón

палма

palmera

москито

mosquito

мува

mosca

мрав

hormiga

пчела

abeja

паук

araña

буба

escarabajo

жаба

rana

веверица

ardilla

јеж

erizo

зец

liebre

сова

lechuza

птица

pájaro

лабуд

cisne

дивља свиња

jabalí

јелен

ciervo

лос

alce

насип

presa

ветрењача

turbina eólica

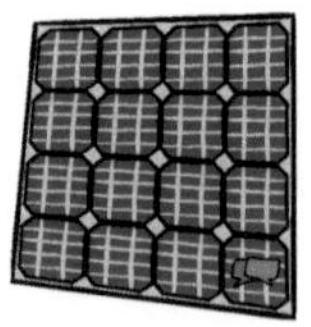

соларна плоча

panel solar

клима

clima

ресторан
restaurante

конобар
camarero

јеловник
menú

столица
silla

супа
sopa

пица
pizza

прибор за јело
cubertería

стољњак
mantel

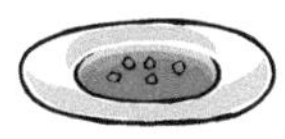

предјело

primer plato

главно јело

plato principal

десерт

postre

напитци

bebidas

јело

comida

флаша

botella

брза храна

comida rápida

имбис храна

comida callejera

чајник

tetera

доза за шећер

azucarero

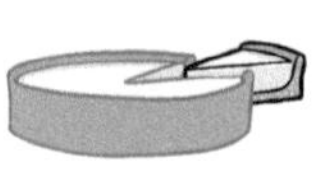

порција

porción

апарат за еспресо

cafetera expreso

висока столица

trona

рачун

cuenta

послужавник

bandeja

нож

cuchillo

виљушка

tenedor

кашика

cuchara

чајна кашика

cucharilla

салвета

servilleta

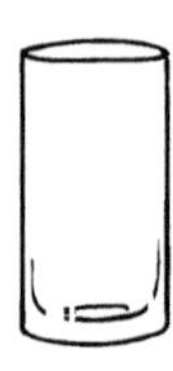

чаша

vaso

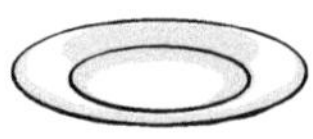

тањир

plato

тањир за супу

plato hondo

тањирић

platillo

сос

salsa

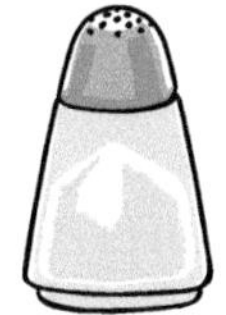

сољенка

salero

млин за бибер

molinillo de pimienta

сирће

vinagre

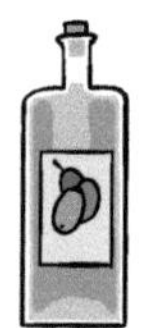

уље

aceite

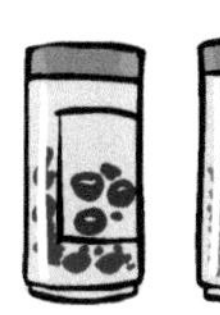

зачини

especias

кечап

ketchup

сенф

mostaza

мајонеза

mayonesa

супермаркет

supermercado

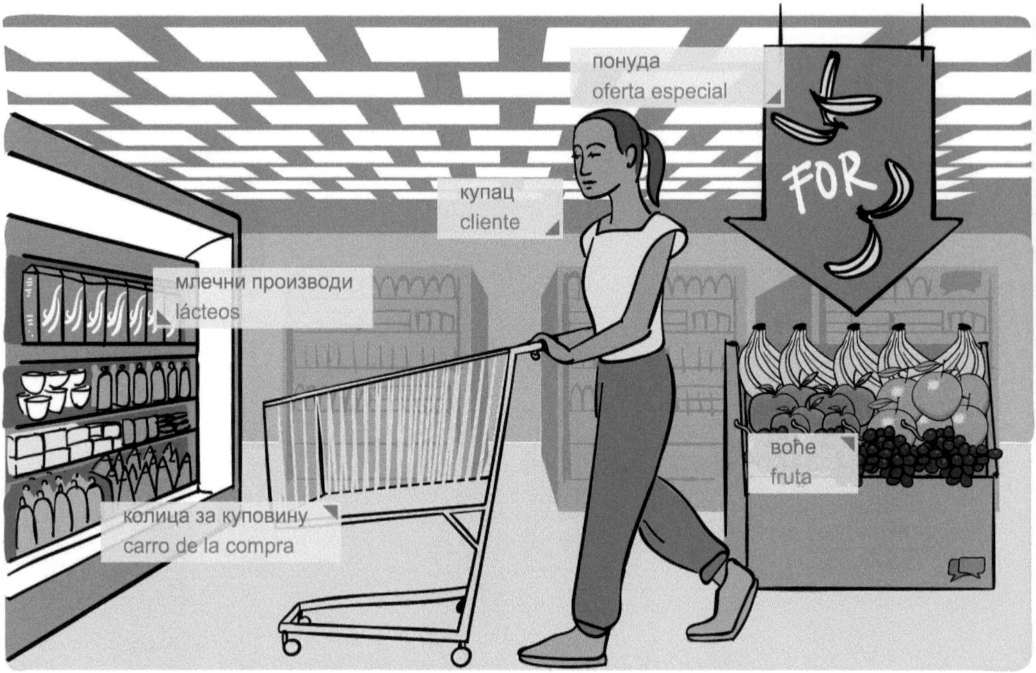

понуда
oferta especial
FOR
купац
cliente
млечни производи
lácteos
воће
fruta
колица за куповину
carro de la compra

BUTCHERS

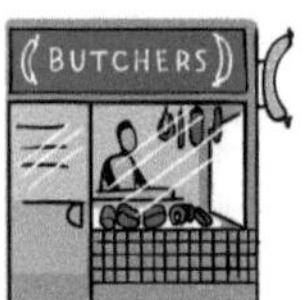

месница

carnicería

BAKERY

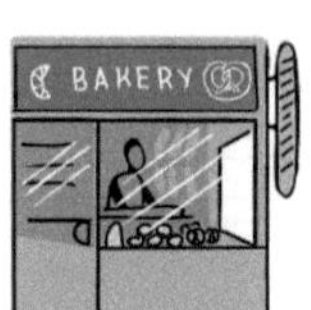

пекара

panadería

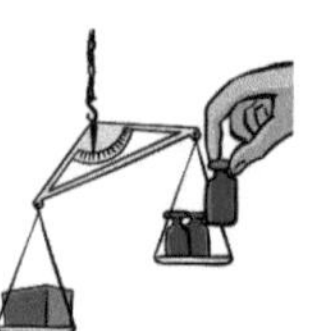

вагати

pesar

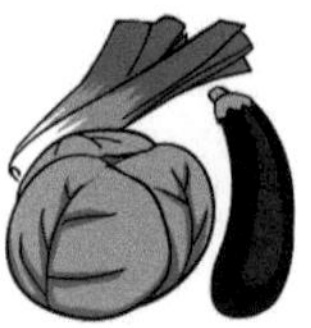

поврће

verduras

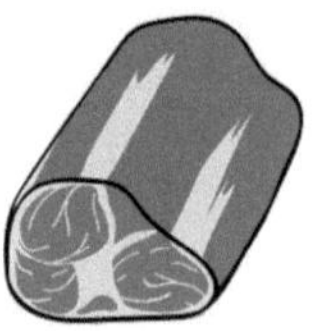

месо

carne

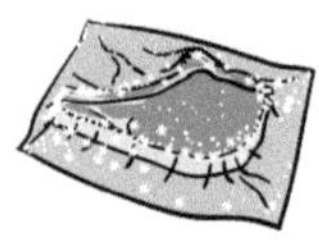

смрзнута храна

alimentos congelados

нарезак

fiambres

конзерве

conservas

средство за прање

detergente en polvo

слаткиши

dulces

артикли за домаћинство

productos de uso doméstico

средства за чишћење

productos de limpieza

продавачица

vendedora

благајна

caja

благајник

cajero

листа за куповину

lista de la compra

време рада

horario de atención al público

новчаник

cartera

кредитна картица

tarjeta de crédito

торба

bolsa

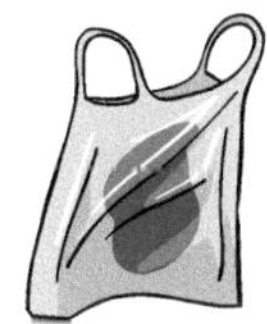

пластична кеса

bolsa de plástico

напитци
bebidas

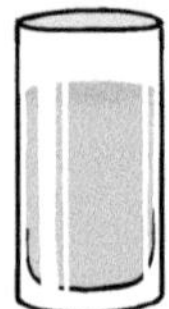

вода

agua

сок

zumo

млеко

leche

кола

cola

вино

vino

пиво

cerveza

алкохол

alcohol

какао

cacao

чај

té

кава

café

еспресо

expreso

капућино

capuchino

банана

plátano

јабука

manzana

наранџа

naranja

лубеница

melón

лимун

limón

шаргарепа

zanahoria

бели лук

ajo

бамбус

bambú

лук

cebolla

гљива

champiñón

орашасти плодови

avellanas

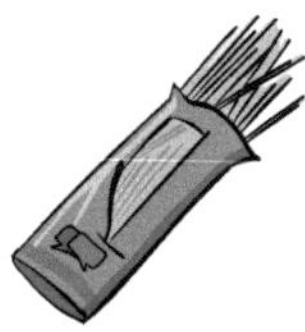

резанци

fideos

шпагете

espagueti

рижа

arroz

салата

ensalada

помфрит

patatas fritas

печени кромпир

patatas fritas

пица

pizza

хамбургер

hamburguesa

сендвич

sándwich

шницла

filete

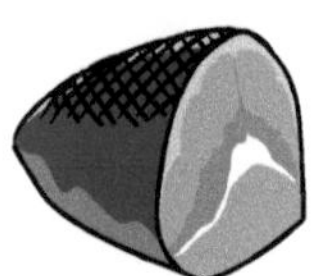

шунка

jamón

салама

salami

кобасица

salchicha

кокош

pollo

печење

asado

риба

pescado

зобене пахуљице

copos de avena

мусли

muesli

кукурузне пахуљице

copos de maíz

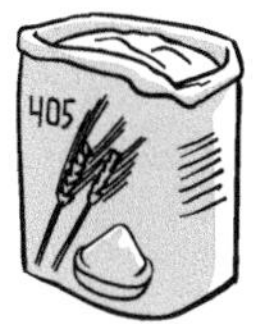

брашно

harina

кроасан

cruasán

пециво

panecillo

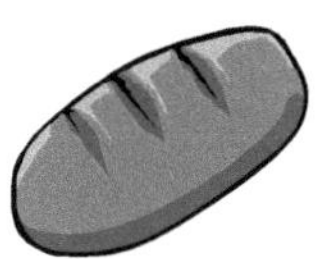

хлеб

pan

тоаст

tostada

кекси

galletas

маслац

mantequilla

свежи сир

cuajada

колач

pastel

jaje

huevo

jaje на око

huevo frito

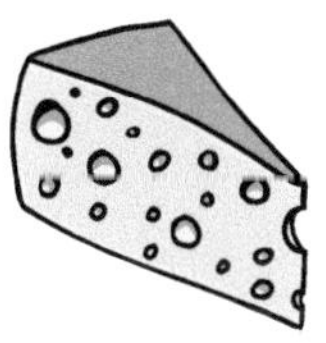

сир

queso

сладолед

helado

шећер

azúcar

мед

miel

мармелада

mermelada

нугат крема

crema de turrón

кари

curry

сеоско газдинство
granja

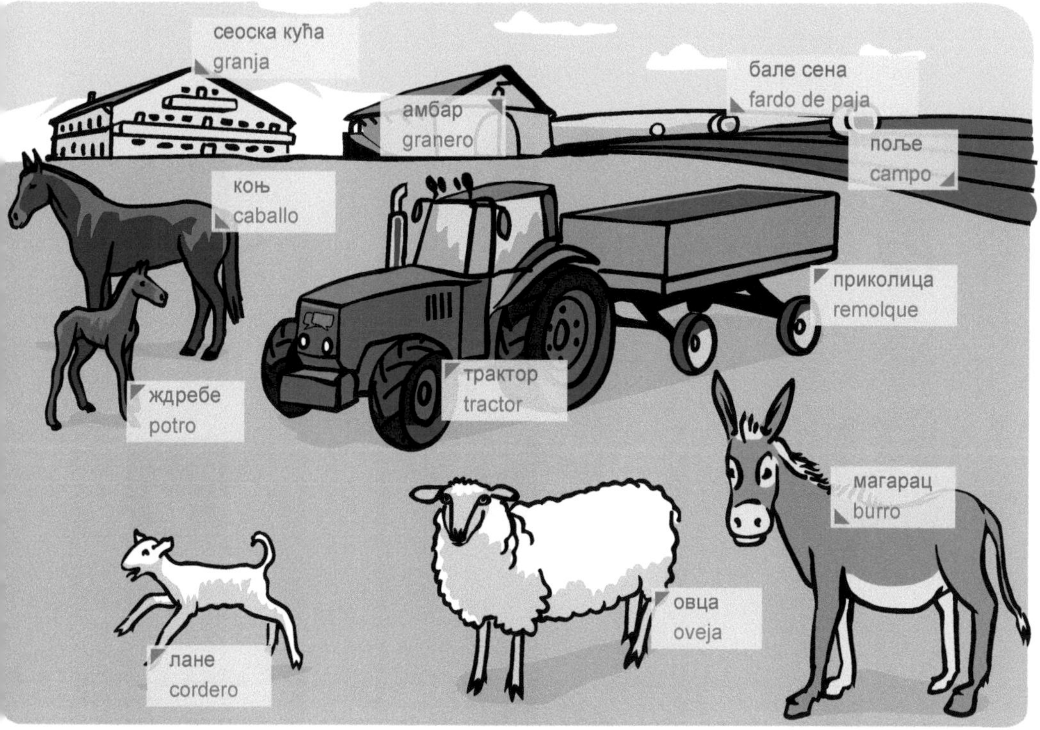

сеоска кућа
granja

бале сена
fardo de paja

амбар
granero

поље
campo

коњ
caballo

приколица
remolque

трактор
tractor

ждребе
potro

магарац
burro

овца
oveja

лане
cordero

коза

cabra

крава

vaca

теле

ternero

свиња

cerdo

прасе

cerdito

бик

toro

гуска

ganso

патка

pato

пилићи

pollo

кокош

gallina

петао

gallo

пацов

rata

мачка

gato

миш

ratón

вол

buey

пас

perro

кућица за пса

perrera

вртно црево

manguera

канта за поливање

regadera

коса

guadaña

плуг

arado

срп

hoz

мотика

azada

виљушка за ђубриво

horca

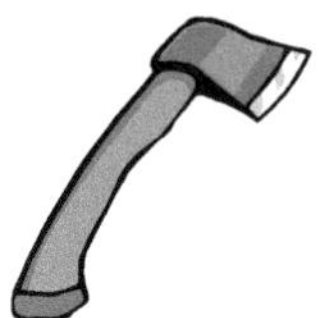

секира

hacha

тачке

carretilla

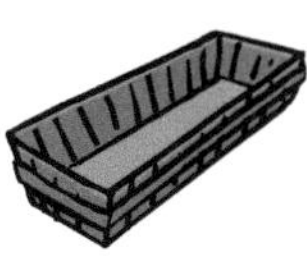

корито

abrevadero

посуда за млеко

lechera

врећа

saco

ограда

valla

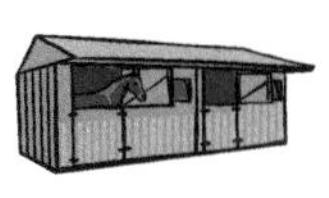

штала

establo

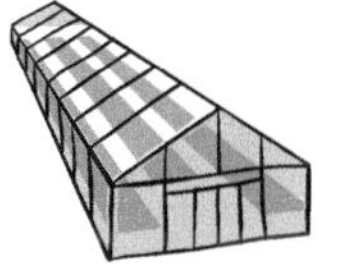

стакленик

invernadero

земља

suelo

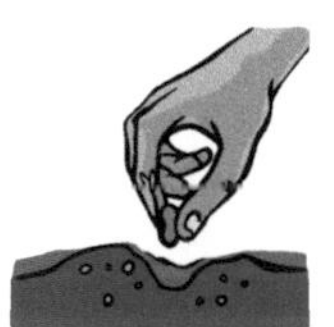

семе

semilla

ђубриво

fertilizador

комбајн

cosechadora

жети

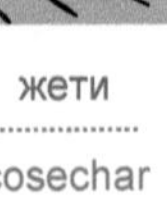

cosechar

жетва

cosecha

јамс зачин

ñame

пшеница

trigo

соја

soja

кромпир

patata

кукуруз

maíz

уљана репица

semilla de colza

воћка

árbol frutal

гомољ маниоке

mandioca

житарице

cereales

кућа
casa

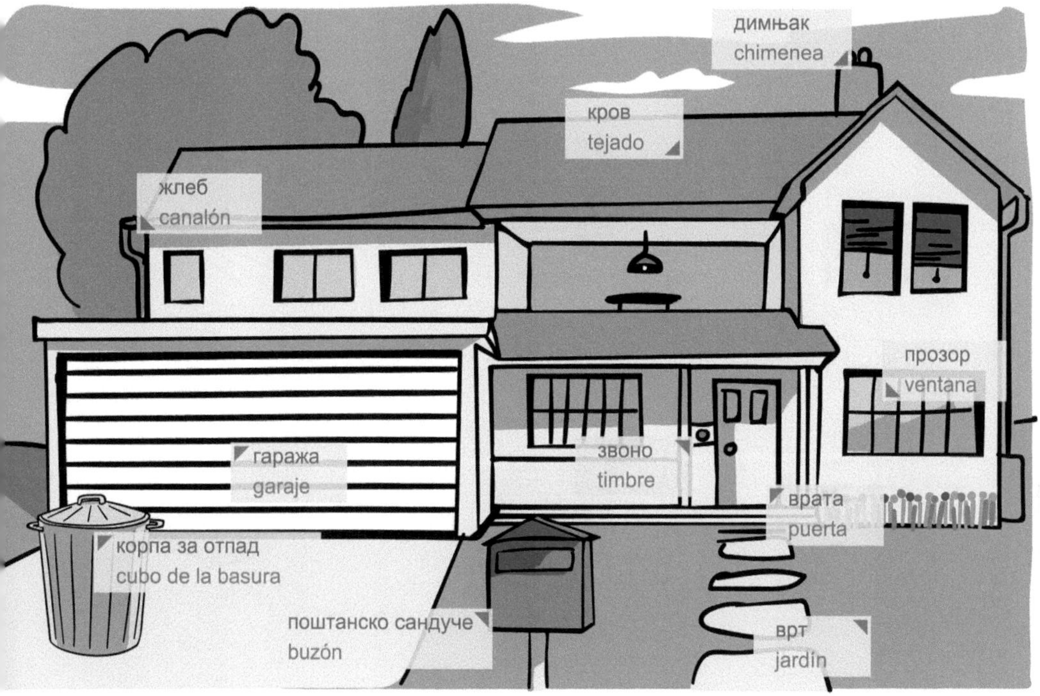

димњак
chimenea

кров
tejado

жлеб
canalón

прозор
ventana

гаража
garaje

звоно
timbre

врата
puerta

корпа за отпад
cubo de la basura

поштанско сандуче
buzón

врт
jardín

дневна соба

sala

купаоница

cuarto de baño

кухиња

cocina

спаваћа соба

dormitorio

дечија соба

habitación de los niños

трпезарија

comedor

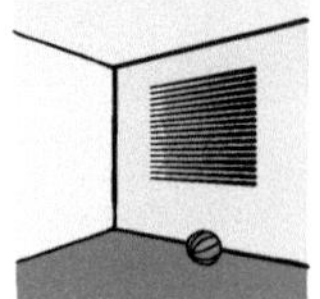

под

suelo

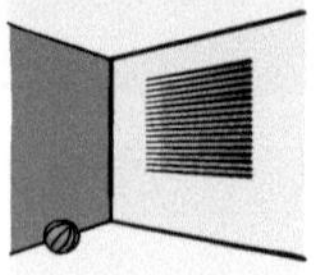

зид

pared

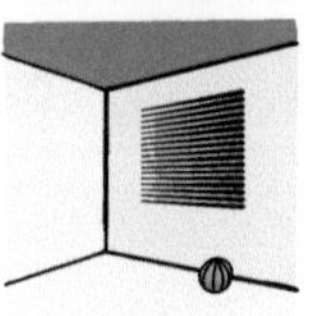

строп

techo

подрум

sótano

сауна

sauna

балкон

balcón

тераса

terraza

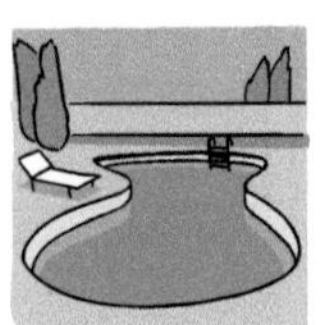

базен

piscina

косилица за траву

cortacésped

постељина за кревет

sábana

дека за кревет

colcha

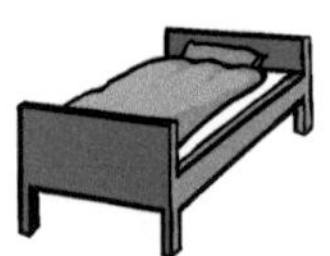

кревет

cama

метла

escoba

канта

balde

прекидач

interruptor

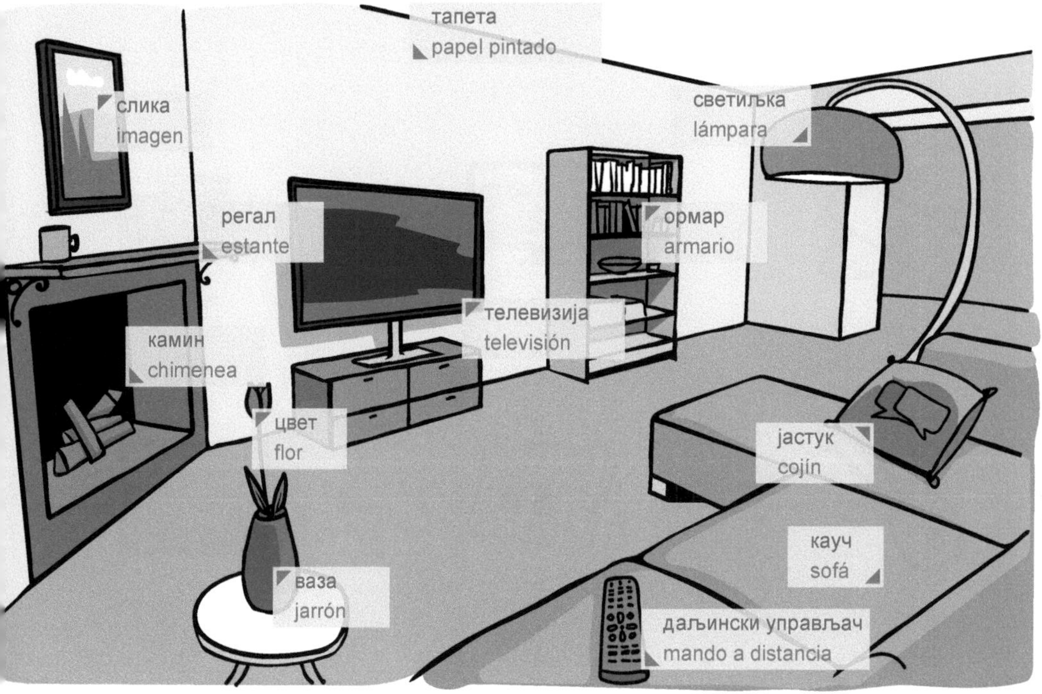

дневна соба
sala

тапета
papel pintado

слика
imagen

светиљка
lámpara

регал
estante

ормар
armario

телевизија
televisión

камин
chimenea

цвет
flor

јастук
cojín

кауч
sofá

ваза
jarrón

даљински управљач
mando a distancia

тепих

alfombra

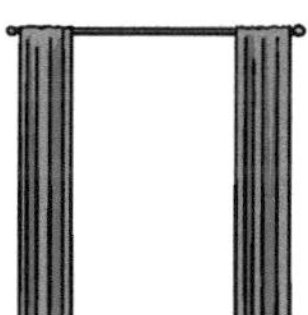

завеса

cortina

сто

mesa

столица

silla

столица за њихање

mecedora

фотеља

butaca

књига

libro

дека

manta

декорација

decoración

дрво за огрев

leña

филм

película

хи-фи уређај

equipo de música

кључ

llave

новине

periódico

слика на платну

pintura

постер

póster

радио

radio

блок за писање

cuaderno

усисивач

aspiradora

кактус

cactus

свећа

vela

кухиња
cocina

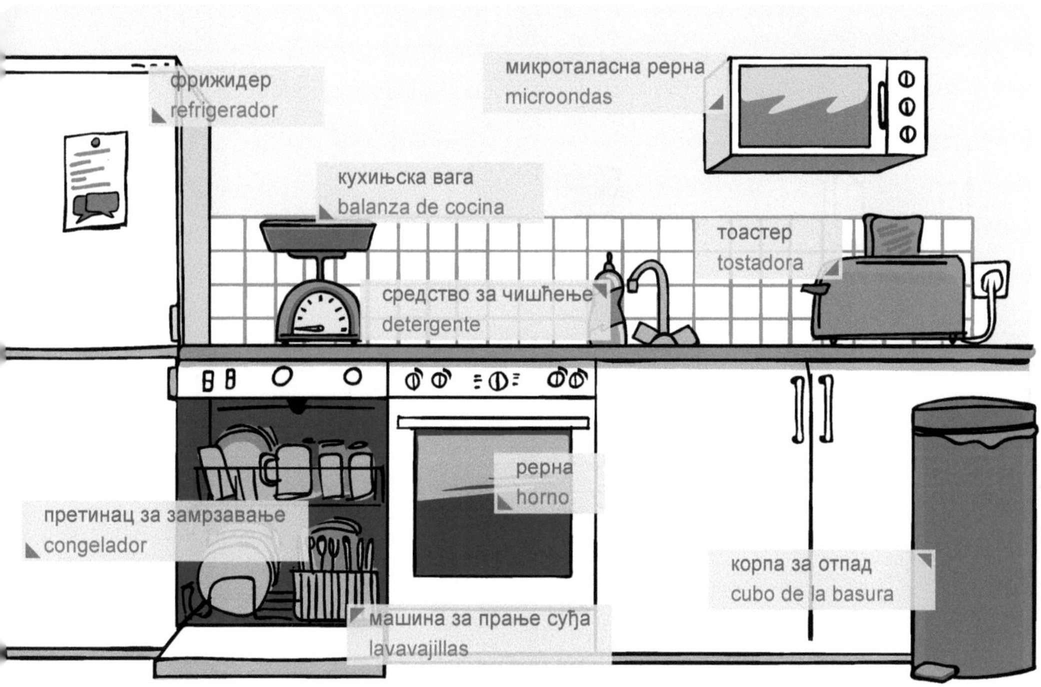

фрижидер
refrigerador

микроталасна рерна
microondas

кухињска вага
balanza de cocina

тоастер
tostadora

средство за чишћење
detergente

рерна
horno

претинац за замрзавање
congelador

корпа за отпад
cubo de la basura

машина за прање суђа
lavavajillas

шпорет
olla a presión

лонац
olla

гвоздени лонац
olla de hierro fundido

вок / кадаи
wok / karahi

тава
cazuela

кувало за воду
hervidor

кувало на пару

vaporera

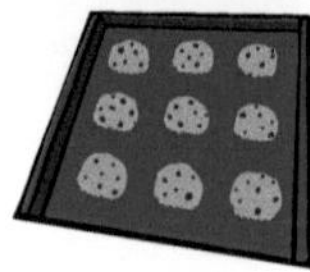

лим за печење

chapa de horno

посуђе

vajilla

чаша

taza

посуда

tazón

штапићи за јело

palillos

кутлача

cucharón

лопатица

espumadera

пењача

batidor

сито за кување

colador

сито

cedazo

рибеж

rallador

мужар

mortero

роштиљ

barbacoa

огњиште

hoguera

даска
....
tabla de picar

оклагија
....
rodillo

вадичеп
....
sacacorchos

конзерва
....
lata

отварач конзерви
....
abrelatas

крпа за лонац
....
agarrador

судопер
....
lavabo

четка
....
cepillo

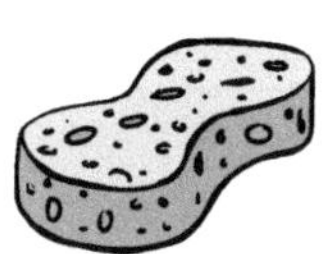

сунђер
....
esponja

миксер
....
batidora

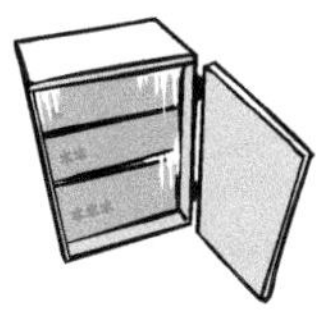

замрзивач
....
congelador

флашица за бебе
....
biberón

славина за воду
....
grifo

купаоница

cuarto de baño

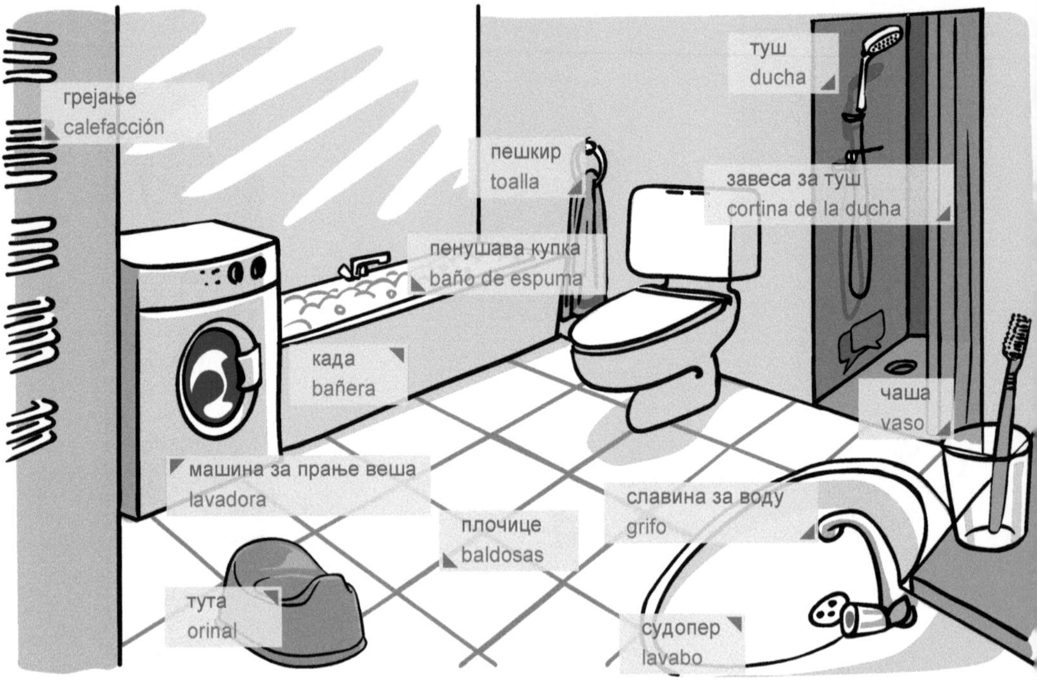

туш
ducha

грејање
calefacción

пешкир
toalla

завеса за туш
cortina de la ducha

пенушава купка
baño de espuma

када
bañera

чаша
vaso

машина за прање веша
lavadora

славина за воду
grifo

плочице
baldosas

тута
orinal

судопер
lavabo

тоалет

inodoro

чучавац

inodoro rústico

бидет

bidé

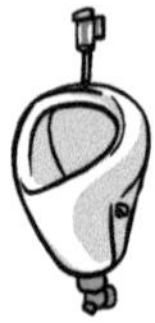

писоар

urinario

тоалетни папир

papel higiénico

четка за тоалет

escobilla del váter

четкица за зубе

cepillo de dientes

паста за зубе

pasta de dientes

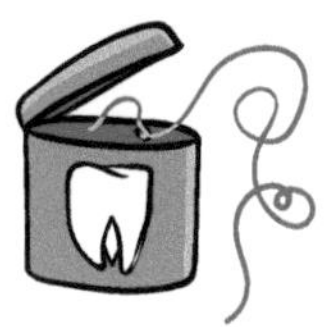

конац за зубе

hilo dental

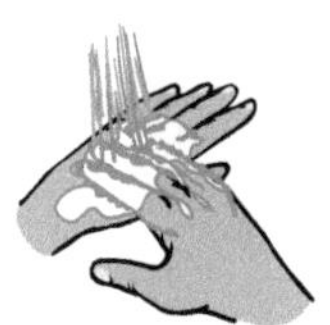

прати

lavar

туш ручица

ducha de mano

туш за прање интимних делова

ducha íntima

лавор

pila

четка за прање леђа

cepillo de espalda

сапун

jabón

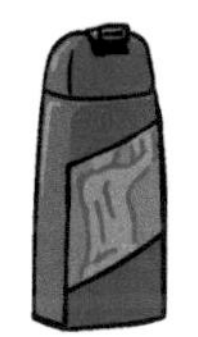

гел за туширање

gel de ducha

шампон

champú

крпа за прање

toallita

одвод

desagüe

крема

crema

дезодоранс

desodorante

огледало

espejo

козметичко огледало

espejo de tocador

бријач

maquinilla de afeitar

пена за бријање

espuma de afeitar

лосион за после бријања

loción postafeitado

чешаљ

peine

четка

cepillo

фен за косу

secador

спреј за косу

laca

шминка

maquillaje

руж за усне

pintalabios

лак за нокте

pintauñas

вата

algodón

маказе за нокте

cortauñas

парфем

perfume

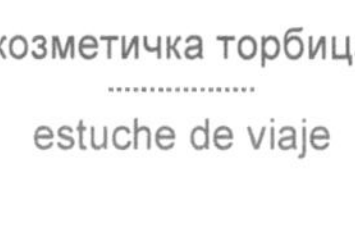

козметичка торбица

estuche de viaje

столица

banqueta

вага

balanza

огртач

albornoz

рукавице за чишћење

guantes de goma

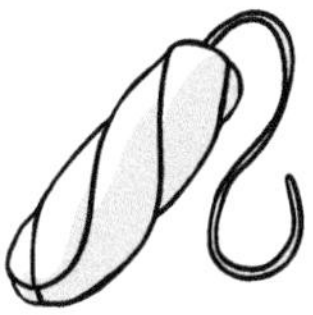

тампон

tampón

уложак

compresa

хемијски тоалет

inodoro químico

дечија соба
habitación de los niños

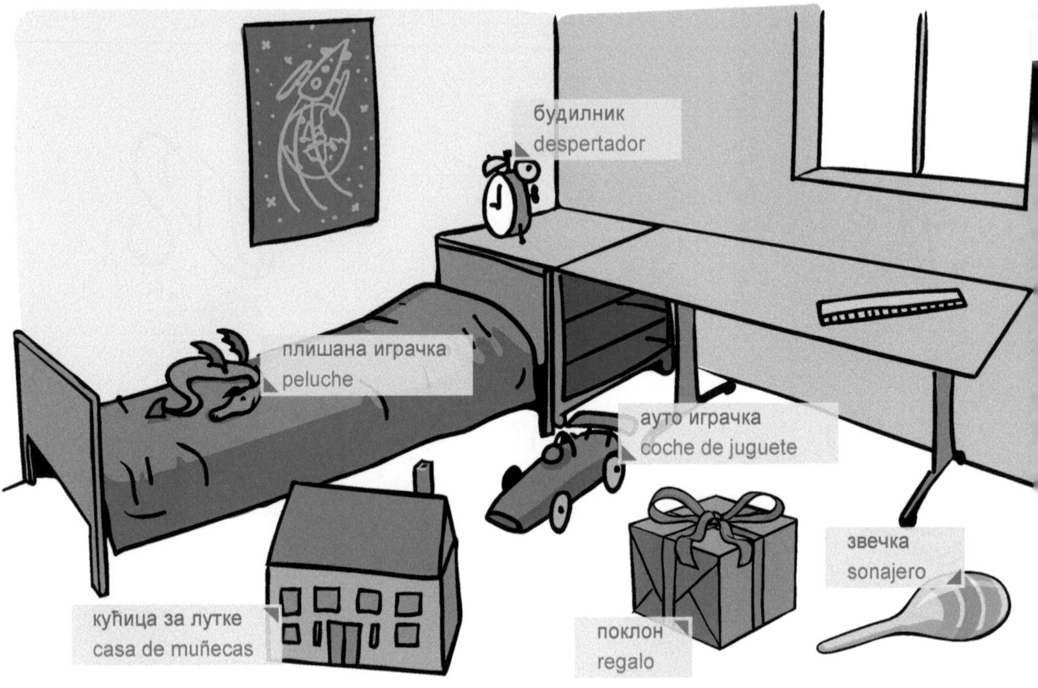

будилник
despertador
плишана играчка
peluche
ауто играчка
coche de juguete
звечка
sonajero
кућица за лутке
casa de muñecas
поклон
regalo

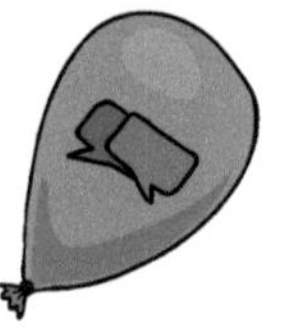

балон
globo

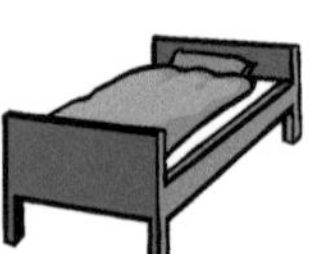

кревет
cama

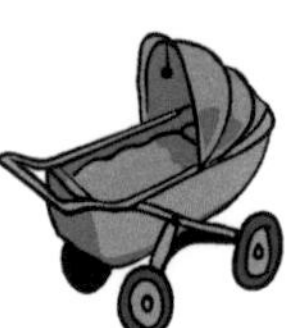

дјечија колица
coche de niño

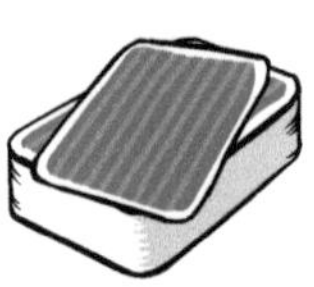

игра са картама
naipes

слагалица
puzle

SUPER
MEGA
стрип
tebeo

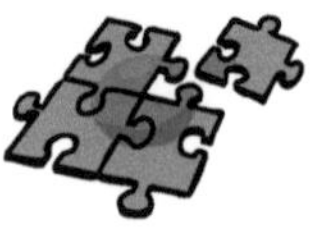

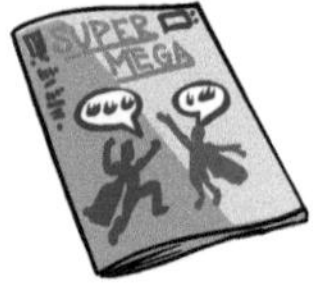

лего коцкице

piezas de lego

коцкице за слагање

bloques de juguete

акциони јунак

figura de acción

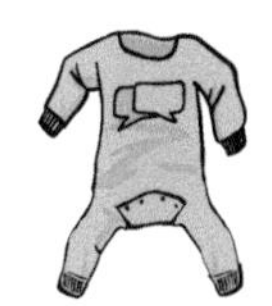

бенкица за бебе

bodi (de bebé)

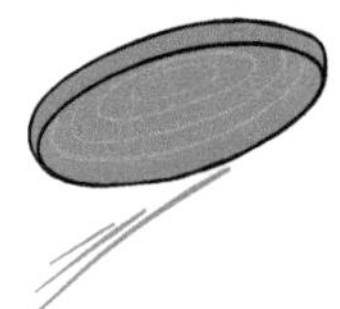

фризби

frisbee

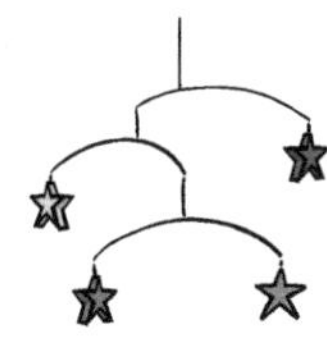

висеће играчке

colgador móvil para bebés

друштвене игре

juego de mesa

коцка

dados

минијатурна железница

circuito de tren eléctrico

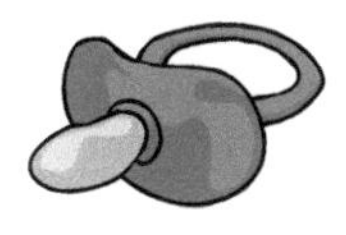

дуда

maniquí

забава

fiesta

сликовница

álbum de fotos

лопта

pelota

лутка

muñeca

играти

jugar

пешчаник

cajón de arena

љуљачка

columpio

играчка

juguetes

конзола за игре

videoconsola

трицикл

triciclo

теди

oso de peluche

ормар

guardarropa

одећа
ropa

кратке чарапе

calcetines

чарапе

medias

хулахопке

leotardos

сандале

sandalias

ципеле

zapatos

гумене чизме

botas de goma

гаћице

slip

грудњак

sostén

поткошуља

chaleco

боди
bodi

панталоне
pantalones

фармерке
vaqueros

сукња
falda

блуза
blusa

кошуља
camisa

џемпер
jersey

џемпер с капуљачом
suéter

сако
blazer

јакна
chaqueta

мантил
abrigo

кабаница
gabardina

костим
traje

хаљина
vestido

венчаница
vestido de novia

одело

traje

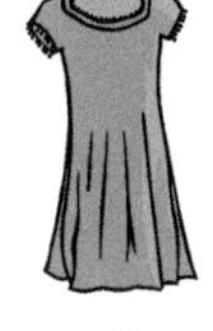

спаваћица

camisón

пиџама

pijama

сари

sari

марама за главу

bandana

турбан

turbante

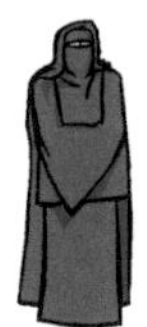

бурка

burka

кафтан

caftán

абаја

abaya

купаћи костим

traje de baño

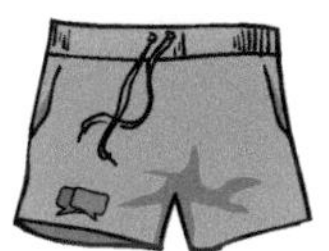

купаће гаћице

bañador

кратке панталоне

pantalones cortos

одећа за тренинг

chándal

кецеља

delantal

рукавице

guantes

дугме

botón

наочаре

gafas

наруквица

brazalete

огрлица

collar

прстен

anillo

наушница

pendiente

капа

gorra

вешалица

percha

шешир

sombrero

кравата

corbata

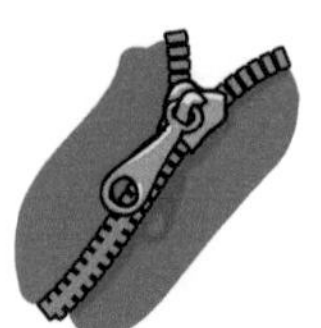

патент затварач

cremallera

кацига

casco

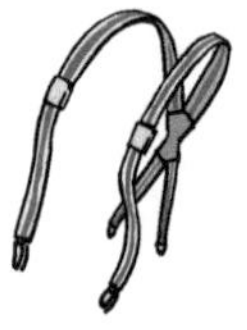

нараменице

tirantes

школска униформа

uniforme escolar

униформа

uniforme

подбрадак

babero

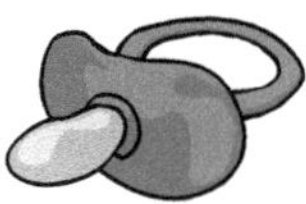

дуда

maniquí

пелена

pañal

канцеларија
oficina

сервер
servidor

ормар за списе
archivo

штампач
impresora

папир
papel

монитор
monitor

писаћи стол
escritorio

миш
ratón

мапа
carpeta

тастатура
teclado

кошара за папир
papelera

компјутер
ordenador

столица
silla

шалица за каву

taza de café

калкулатор

calculadora

интернет

internet

лаптоп

portátil

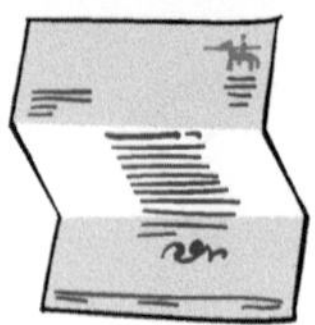

писмо

carta

порука

mensaje

мобилни телефон

móvil

мрежа

red

уређај за копирање

fotocopiadora

софтвер

software

телефон

teléfono

утичница

toma de corriente

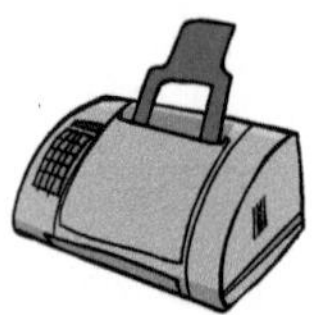

факс

fax

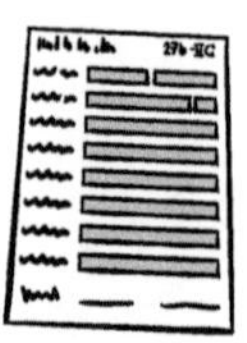

формулар

formulario

документ

documento

економија

economía

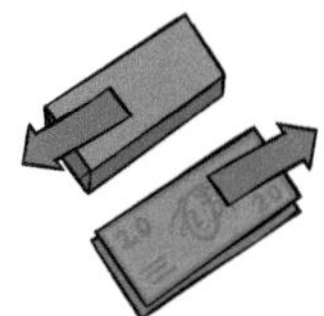

куповати

comprar

платити

pagar

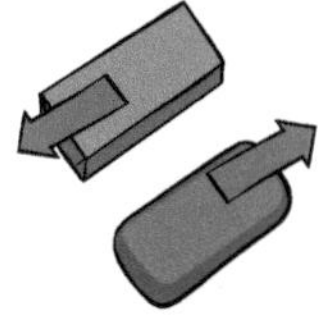

трговати

comerciar

новац

dinero

долар

dólar

евро

euro

јен

yen

рубља

rublo

швајцарски франак

franco suizo

ренминдби јуан

renminbi yuan

рупија

rupia

аутомат за новац

cajero automático

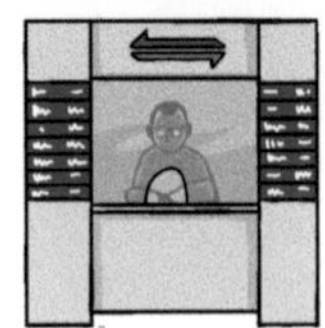

мењачница

oficina de cambio de divisas

злато

oro

сребро

plata

нафта

petróleo

енергија

energía

цена

precio

уговор

contrato

порез

impuesto

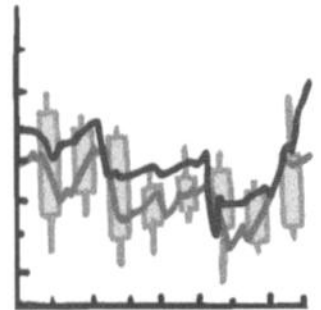

деонице

acción

радити

trabajar

службеник

empleado

послодавац

empleador

фабрика

fábrica

продавница

tienda

занимања
oficios

полицајац
agente de policía

ватрогасац
bombero

кувар
cocinero

лекар
médico

пилот
piloto

вртлар
jardinero

столар
carpintero

кројачица
costurera

судија
juez

хемичар
farmacéutico

глумац
actor

возач аутобуса

conductor de autobús

возач таксија

taxista

рибар

pescador

чистачица

señora de la limpieza

кровопокривач

techador

конобар

camarero

ловац

cazador

сликар

pintor

пекар

panadero

електричар

electricista

грађевински радник

obrero

инжењер

ingeniero

месар

carnicero

лимар

fontanero

поштар

cartero

војник

soldado

архитекта

arquitecto

благајник

cajero

цвећар

florista

фризер

peluquero

кондуктер

revisor

механичар

mecánico

капетан

capitán

зубар

dentista

научник

científico

раби

rabino

имам

imán

монах

monje

свештеник

sacerdote

алати

herramientas

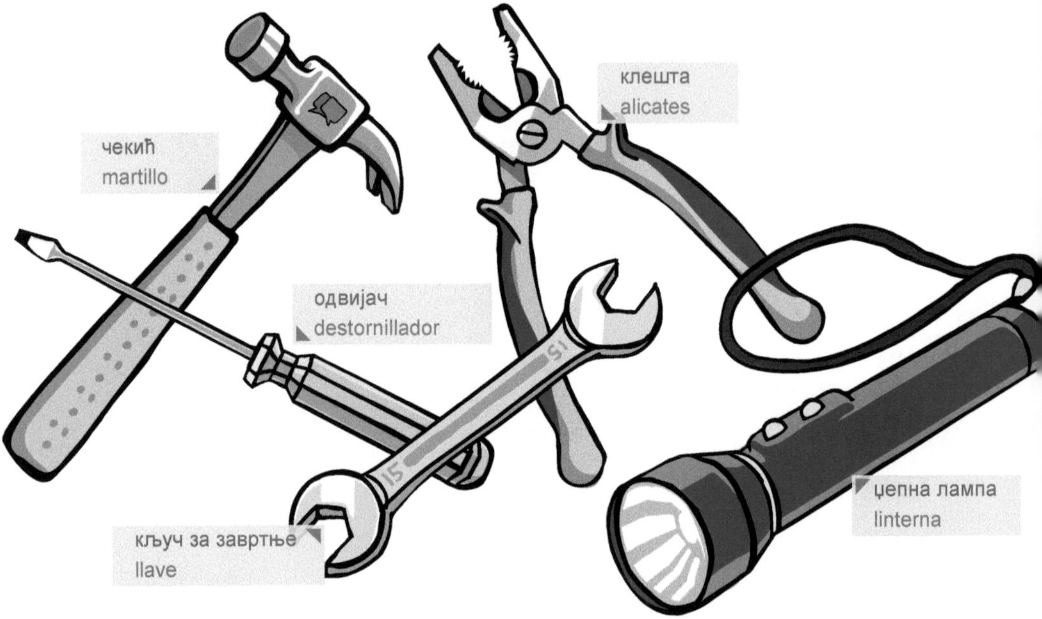

чекић
martillo

клешта
alicates

одвијач
destornillador

кључ за завртње
llave

џепна лампа
linterna

багер

excavadora

кутија за алат

caja de herramientas

мердевине

escalera de mano

пила

sierra

ексер

clavos

бушилица

taladro

поправити

reparar

лопата

pala

до ђавола!

¡Maldita sea!

лопатица

recogedor

лонац за боју

bote de pintura

завртањи

tornillos

музички инструмент
instrumentos musicales

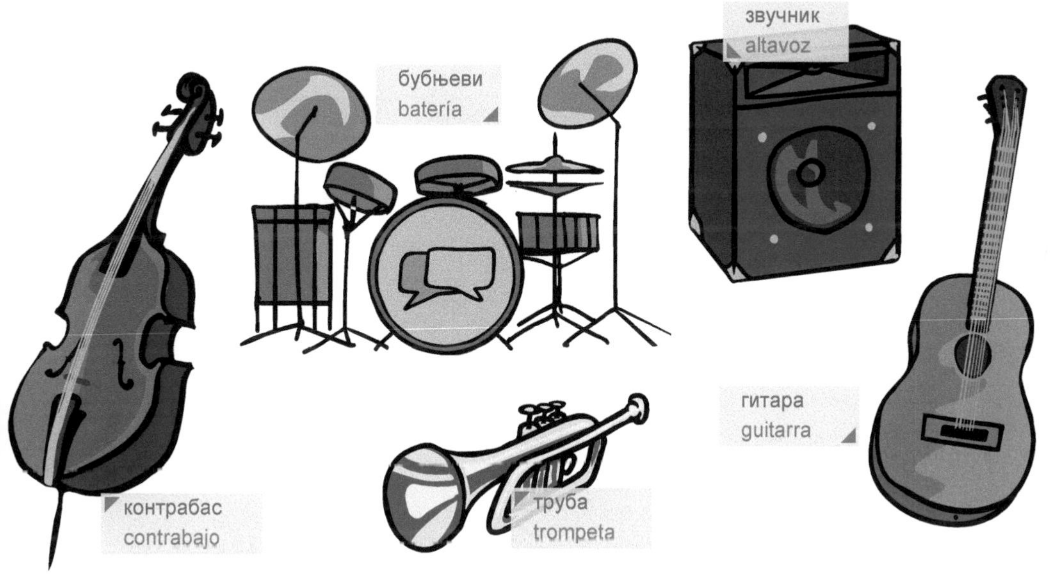

звучник
altavoz

бубњеви
batería

контрабас
contrabajo

труба
trompeta

гитара
guitarra

клавир

piano

виолина

violín

бас

bajo

тимпани

timbales

ударaљке за бубњеве

tambor

типке клавира

teclado

саксофон

saxofón

флаута

flauta

микрофон

micrófono

зоолошки врт

zoo

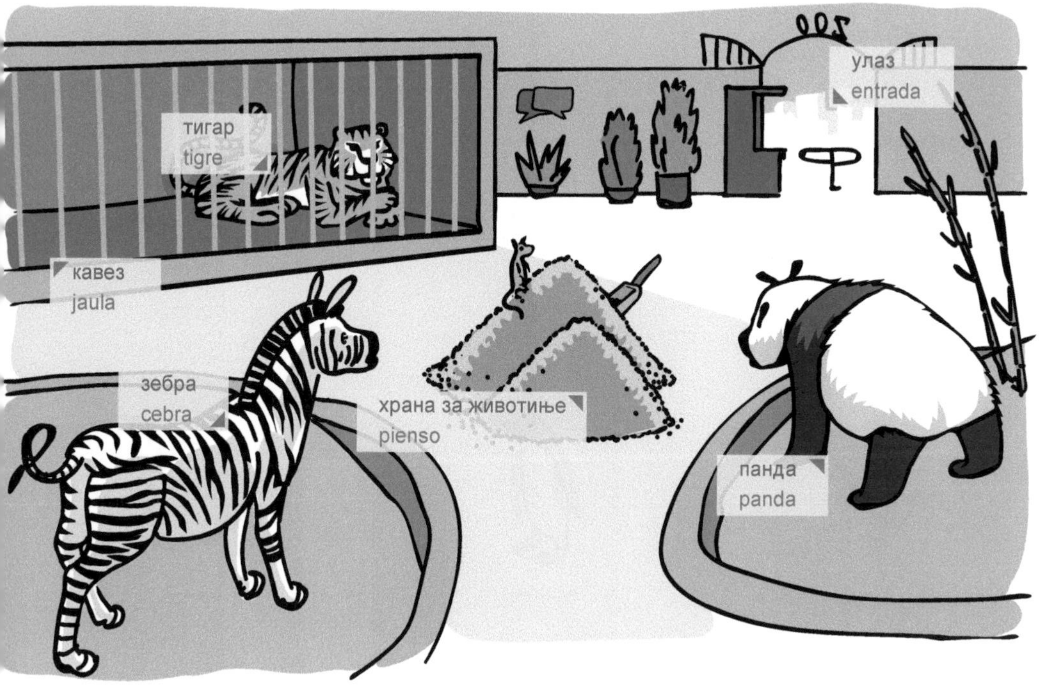

тигар
tigre
улаз
entrada
кавез
jaula
зебра
cebra
храна за животиње
pienso
панда
panda

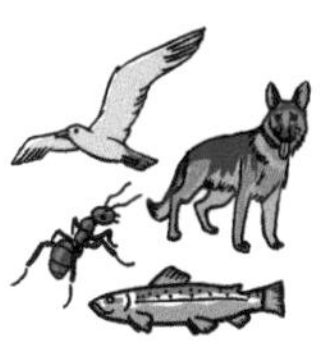

животиње

animales

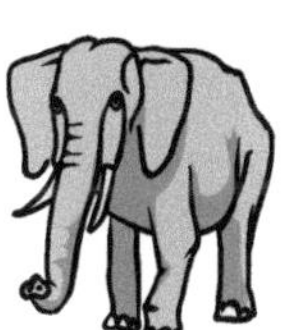

слон

elefante

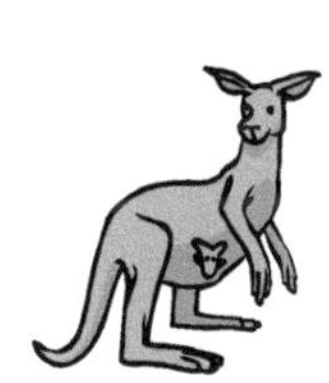

кенгур

canguro

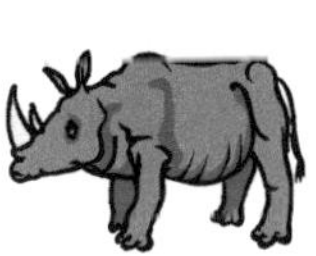

носорог

rinoceronte

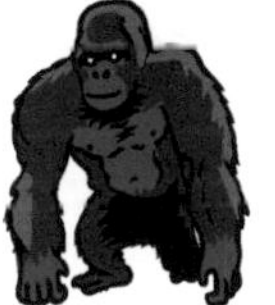

горила

gorila

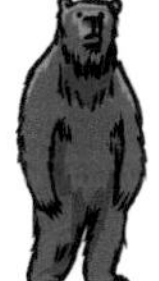

медвед

oso

камила

camello

ној

avestruz

лав

león

мајмун

mono

фламинго

flamingo

папагај

loro

поларни медвед

oso polar

пингвин

pingüino

ајкула

tiburón

паун

pavo real

змија

serpiente

крокодил

cocodrilo

чувар у зоолошком врту

guardián de zoológico

туљан

foca

јагуар

jaguar

пони

poni

леопард

leopardo

нилски коњ

hipopótamo

жирафа

jirafa

орао

águila

дивља свиња

jabalí

риба

pescado

корњача

tortuga

морж

morsa

лисица

zorro

газела

gacela

спорт
deportes

активности
actividades

скочити
saltar

загрлити
abrazar

смејати се
reír

ићи
caminar

певати
cantar

сањати
soñar

молити се
rezar

пољубити
besar

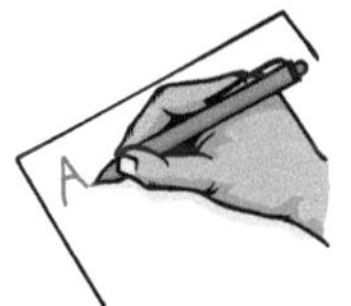

писати
escribir

цртати
dibujar

показати
mostrar

гурати
empujar

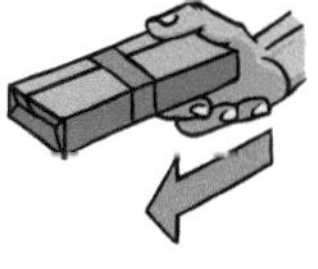

дати
dar

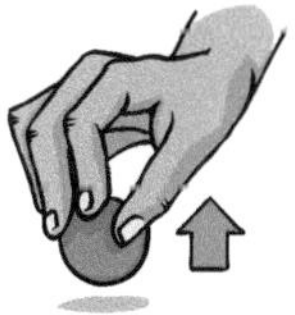

узети
tomar

имати

tener

чинити

hacer

бити

ser

стојати

estar de pie

трчати

correr

повлачити

tirar

бацити

tirar

падати

caer

лежати

yacer

чекати

esperar

носити

llevar

седити

estar sentado

облачити

vestirse

спавати

dormir

пробудити се

despertar

гледати
mirar

плакати
llorar

миловати
acariciar

чешљати
peinar

говорити
hablar

разумети
entender

питати
preguntar

слушати
escuchar

пити
beber

јести
comer

поспремити
ordenar

волети
amar

кухати
cocinar

возити
conducir

летети
volar

пловити

navegar

рачунати

calcular

читати

leer

учити

aprender

радити

trabajar

венчати се

casarse

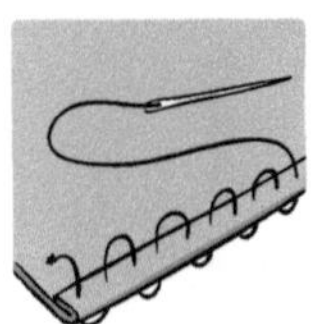

шити

coser

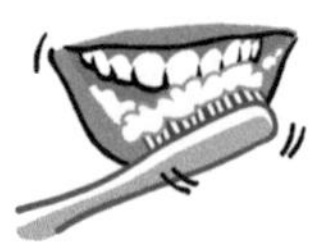

прати зубе

cepillarse los dientes

убити

matar

пушити

fumar

послати

enviar

породица
familia

бака
abuela

деда
abuelo

отац
padre

мајка
madre

беба
bebé

кћерка
hija

син
hijo

гост

invitado

тетка

tía

ујак, стриц

tío

брат

hermano

сестра

hermana

тело
cuerpo

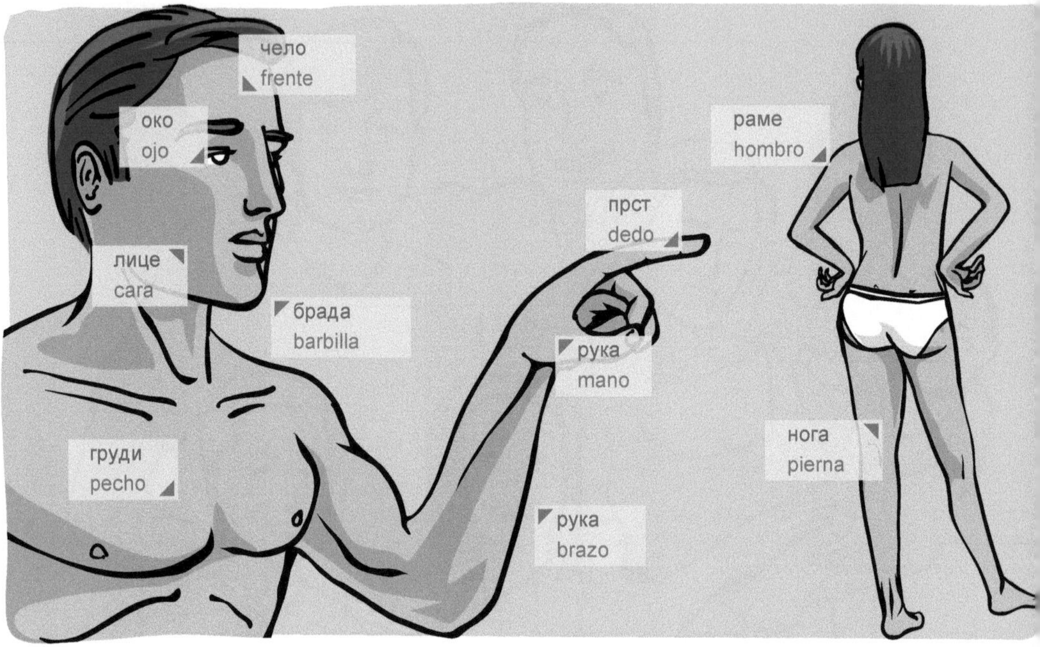

чело
frente

око
ojo

раме
hombro

прст
dedo

лице
cara

брада
barbilla

рука
mano

нога
pierna

груди
pecho

рука
brazo

беба

bebé

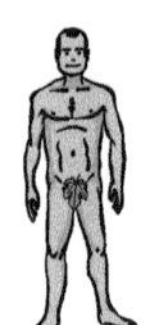

мушкарац

hombre

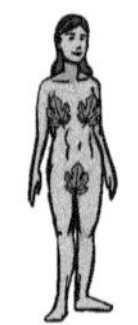

жена

mujer

девојчица

chica

дечак

chico

глава

cabeza

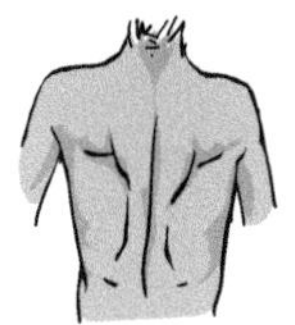

леђа

espalda

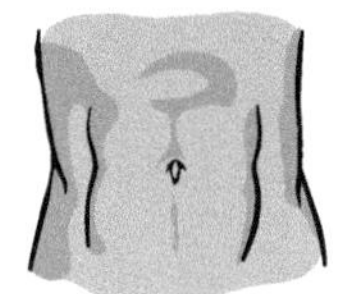

стомак

vientre

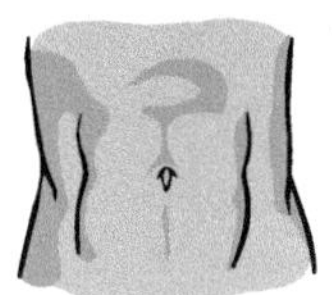

пупак

ombligo

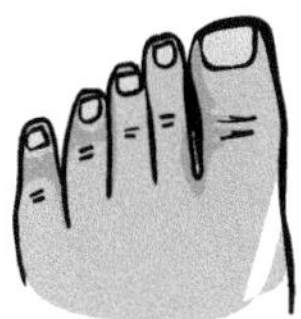

ножни прст

dedo del pie

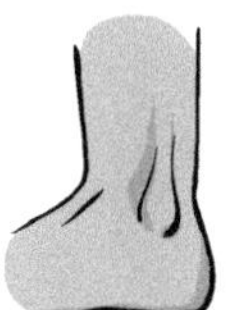

пета

talón

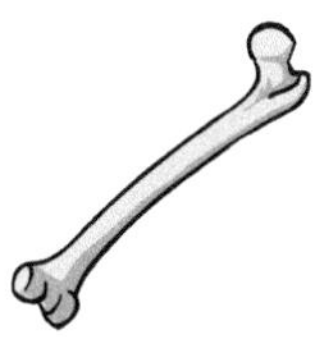

кост

hueso

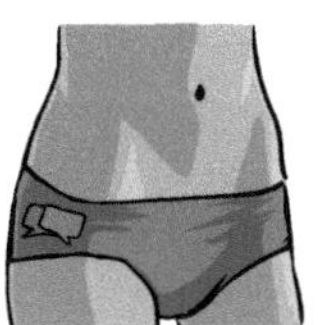

кукови

cadera

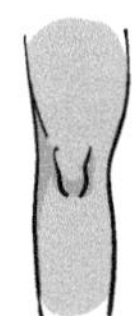

колено

rodilla

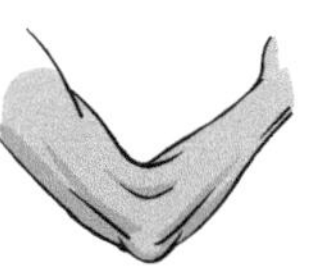

лакат

codo

нос

nariz

задњица

trasero

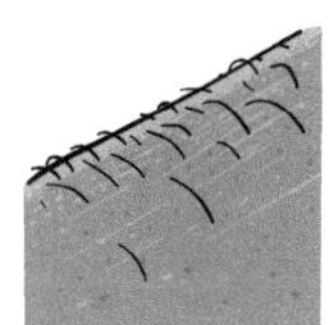

кожа

piel

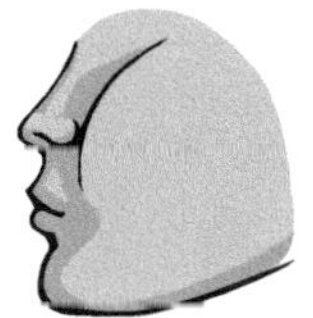

образ

mejilla

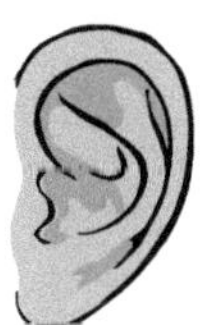

уво

oído

усна

labio

уста

boca

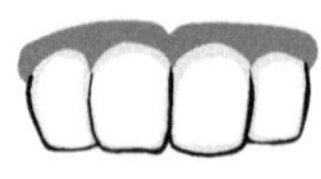

зуб

diente

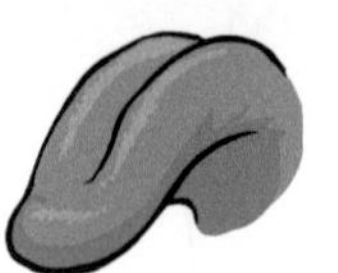

језик

lengua

мозак

cerebro

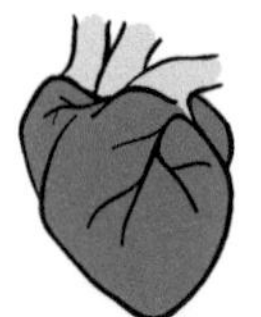

срце

corazón

мишић

músculo

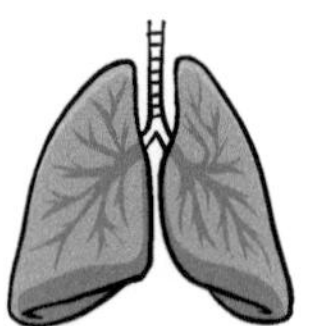

плућа

pulmón

јетра

hígado

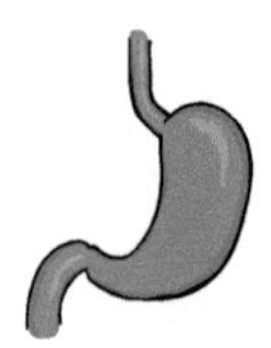

желудац

estómago

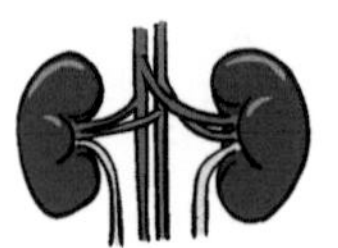

бубрези

riñones

полни однос

sexo

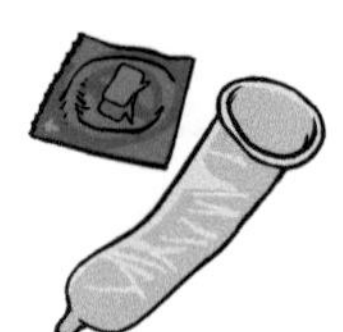

кондом

condón

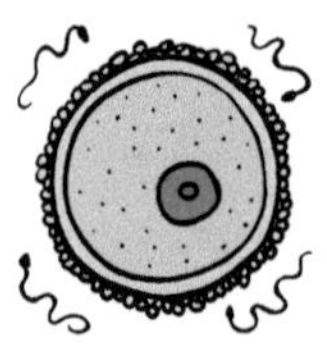

јајна ћелија

ovario

сперма

semen

трудноћа

embarazo

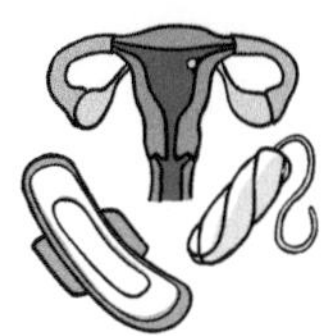

менструација

menstruación

вагина

vagina

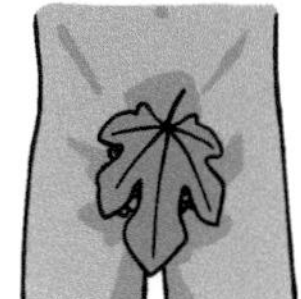

пенис

pene

обрва

ceja

коса

pelo

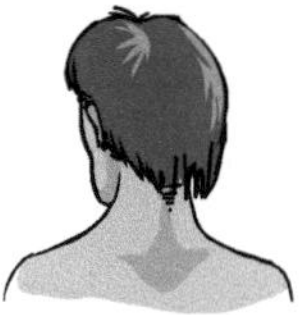

врат

cuello

болница
hospital

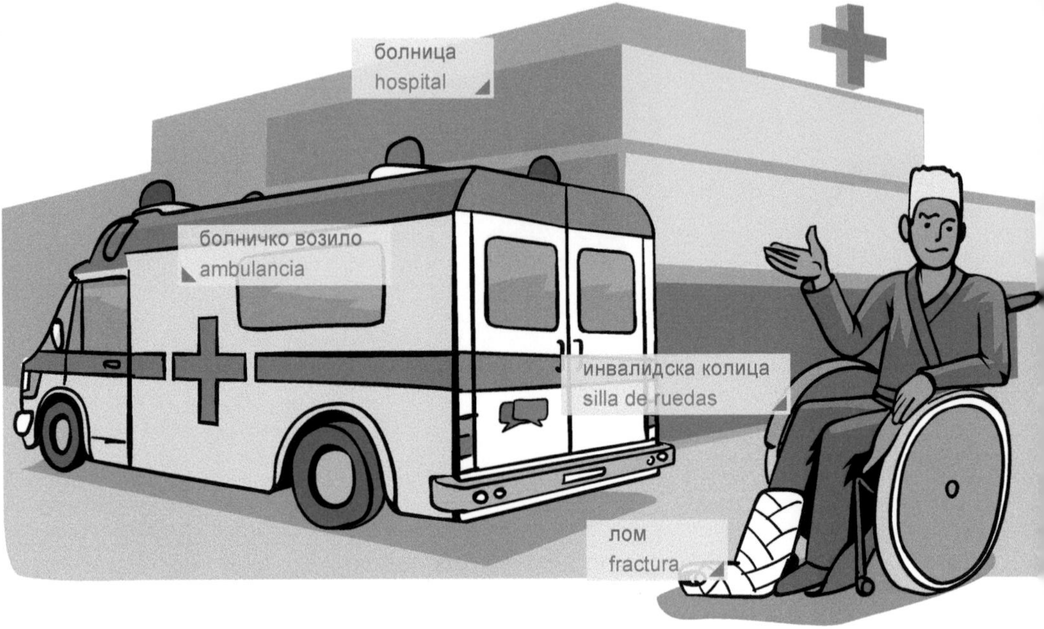

болница
hospital

болничко возило
ambulancia

инвалидска колица
silla de ruedas

лом
fractura

лекар

médico

хитна медицинска служба

sala de urgencias

медицинска сестра

enfermera

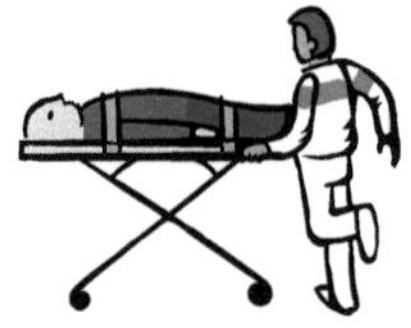

хитни случај

urgencia

несвест

inconsciente

бол

dolor

повреда

lesión

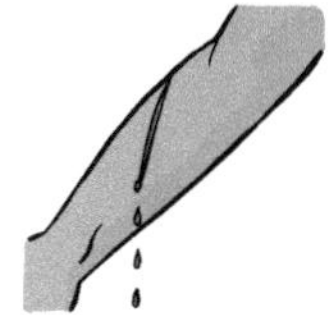

крварење

hemorragia

срчани удар

infarto

удар

ictus

алергија

alergia

кашаљ

tos

грозница

fiebre

грипа

gripe

пролив

diarrea

главобоља

dolor de cabeza

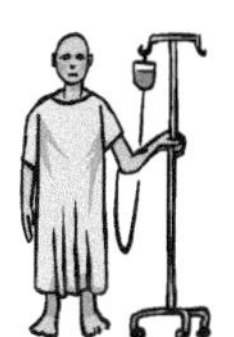

рак

cáncer

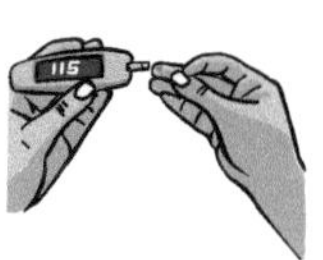

дијабетес

diabetes

хирург

cirujano

скалпел

bisturí

операција

operación

цт

TAC

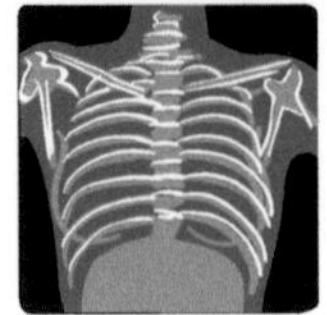

рентген

rayos x

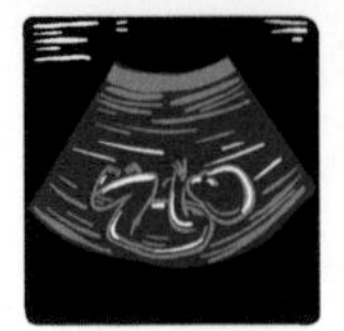

ултразвук

ultrasonido

маска

mascarilla

болест

enfermedad

чекаона

sala de espera

штака

muleta

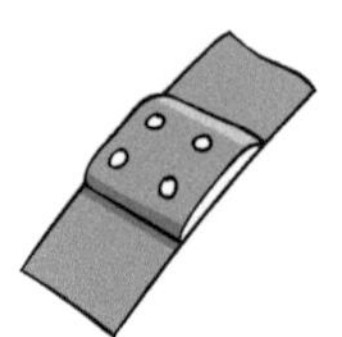

фластер

tirita

завој

venda

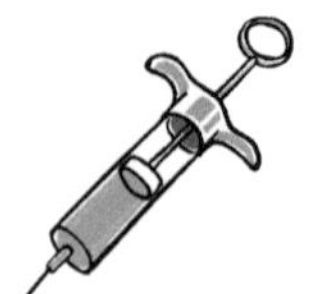

ињекција

inyección

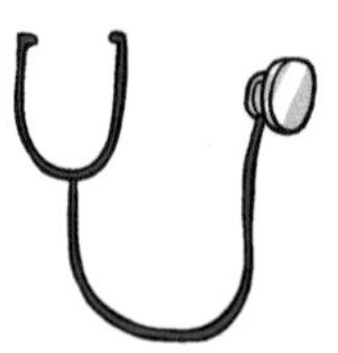

стетоскоп

estetoscopio

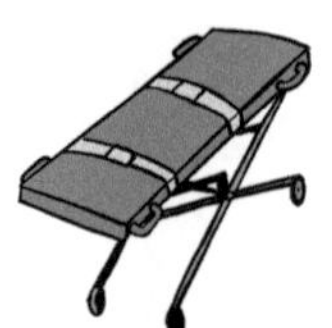

носила

camilla

термометар

termómetro

рођење

nacimiento

прекомерна тежина

sobrepeso

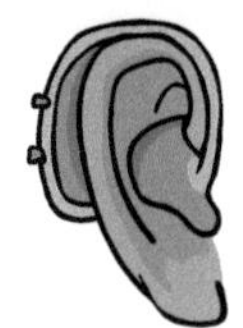

слушни апарат

audífono

средство за дезинфекцију

desinfectante

инфекција

infección

вирус

virus

хив / аидс

VIH / SIDA

медицина

medicina

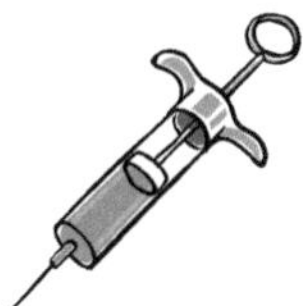

вакцинација

vacunación

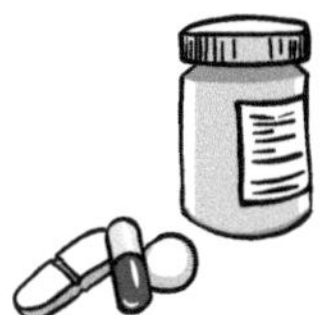

таблете

tabletas

пилула

pastilla

хитни позив

llamada de urgencia

уређај за мерење притиска

tensiómetro

болесно / здраво

enfermo / sano

хитни случај

urgencia

помоћ!

¡Socorro!

аларм

alarma

насртај

asalto

напад

ataque

опасност

peligro

излаз у случају нужде

salida de emergencia

пожар!

¡Fuego!

противпожарни апарат

extintor de incendios

незгоца

accidente

кутија прве помоћи

botiquín de primeros auxilios

сос

SOS

полиција

policía

земља
tierra

Европа
Europa

Северна Америка
Norteamérica

Јужна Америка
Sudamérica

Африка
África

Азија
Asia

Аустралија
Australia

Атлантик
Atlántico

Пацифик
Pacífico

Индијски океан
Océano Índico

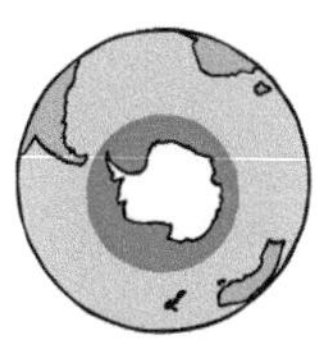
Антарктички океан
Océano Antártico

Арктички океан
Océano Ártico

Северни рол
polo norte

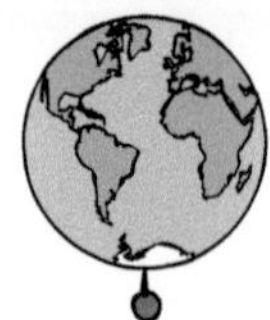

Јужни рол

polo sur

Антарктик

Antártida

земља

tierra

земља

tierra

море

mar

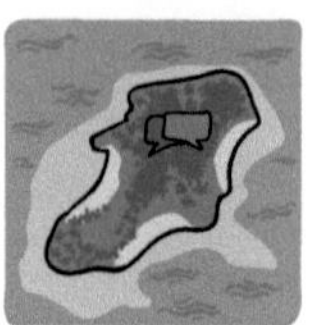

оток

isla

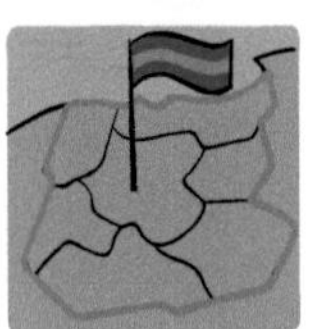

нација

nación

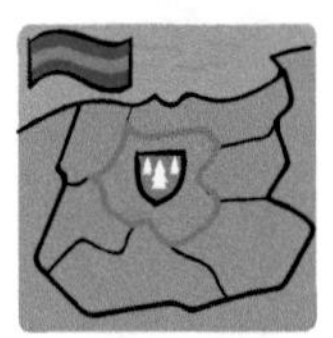

држава

estado

сат

hora(s)

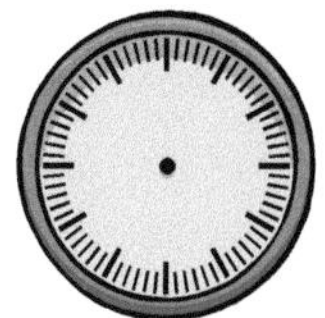

бројчаник сата

esfera

сатна казаљка

manecilla de las horas

минутна казаљка

minutero

секундна казаљка

segundero

Колико је сати?

¿Qué hora es?

дан

día

време

tiempo

сада

ahora

дигитални сат

reloj digital

минута

minuto

час

hora

седмица

semana

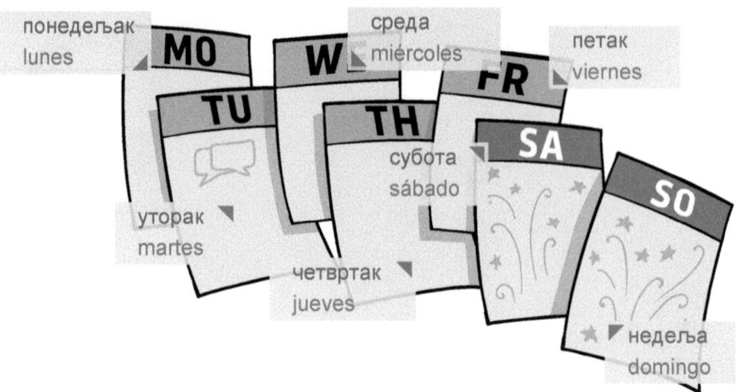

јуче
ayer

данас
hoy

сутра
mañana

јутро
mañana

подне
mediodía

вече
tarde

радни дани
días laborables

викенд
fin de semana

година
año

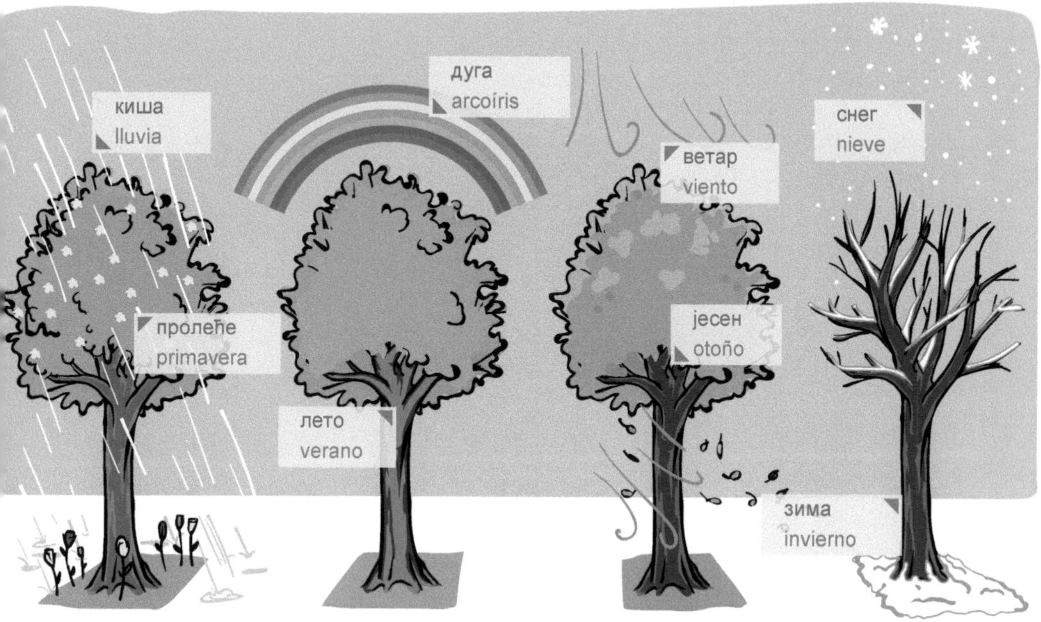

киша
lluvia
дуга
arcoíris
ветар
viento
снег
nieve
пролеће
primavera
јесен
otoño
лето
verano
зима
invierno

4.APRIL 11°
5.APRIL 4°
6.APRIL 13°
7.APRIL 8°
8.APRIL 10°

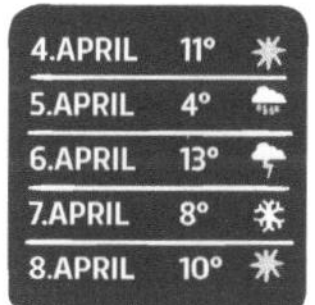

метеоролошка прогноза

pronóstico del tiempo

F C
120 40
90 30
60 20
30 10
0 0
-30 -10
-20

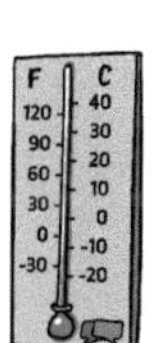

термометар

termómetro

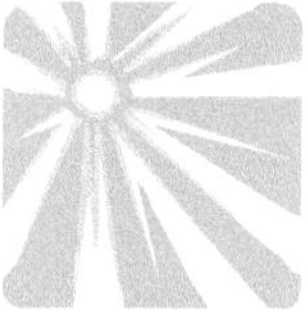

сунчана светлост

sol

облак

nube

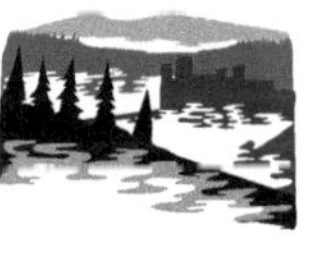

магла

niebla

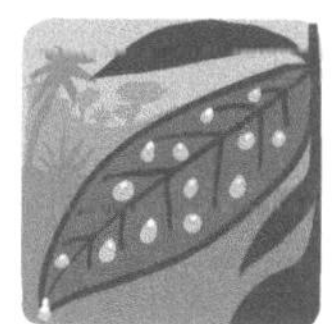

влажност ваздуха

humedad

муња

rayo

грмљавина

trueno

олуја

tormenta

туча

granizo

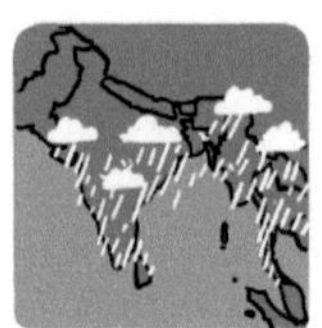

монсун

monzón

поплава

inundación

лед

hielo

јануар

enero

фебруар

febrero

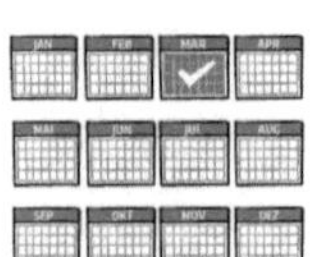

март

marzo

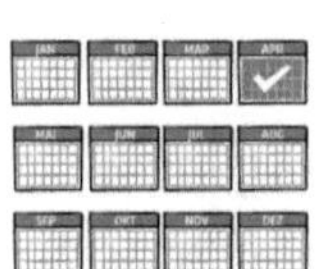

април

abril

мај

mayo

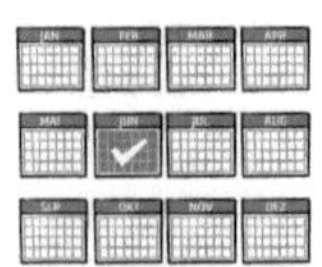

јуни

junio

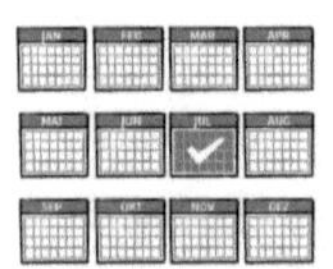

јули

julio

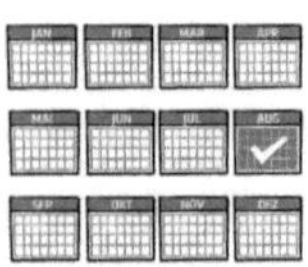

август

agosto

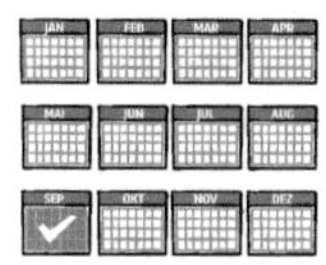

септембар

septiembre

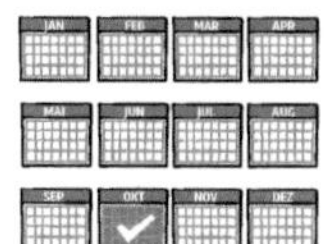

октобар

octubre

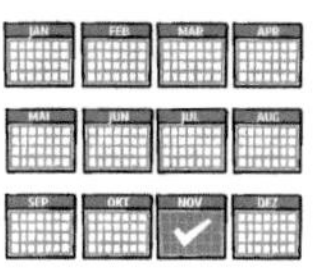

новембар

noviembre

децембар

diciembre

облици
formas

круг

círculo

квадрат

cuadrado

правоугао

rectángulo

троугао

triángulo

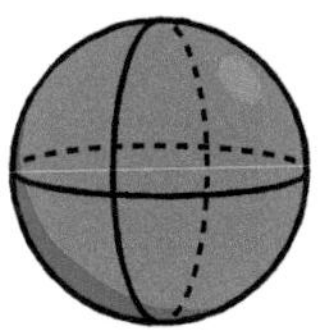

кугла

esfera

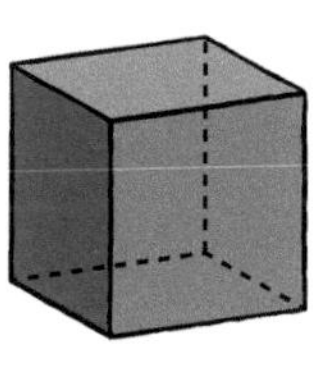

коцка

cubo

боје
colores

бела

blanco

жута

amarillo

наранџаста

anaranjado

ружичаста

rosa

црвена

rojo

љубичаста

morado

плава

azul

зелена

verde

смеђа

marrón

сива

gris

црна

negro

супротности
opuestos

много / мало

mucho / poco

љутито / мирно

enojado / tranquilo

лепо / ружно

bonito / feo

почетак / крај

principio / fin

велико / малено

grande / pequeño

светло / тамно

claro / oscuro

брат / сестра

hermano / hermana

чисто / прљаво

limpio / sucio

потпуно / непотпуно

completo / incompleto

дан / ноћ

día / noche

мртво / живо

muerto / vivo

широко / уско

ancho / estrecho

јестиво / нејестиво

comestible / no comestible

зло / добро

malo / amable

узбуђено / досадно

entusiasmado / aburrido

дебело / мршаво

gordo / delgado

на почетку / на крају

primero / último

пријатељ / непријатељ

amigo / enemigo

пуно / празно

lleno / vacío

тврдо / мекано

duro / blando

тешко / лагано

pesado / ligero

глад / жеђ

hambre / sed

болесно / здраво

enfermo / sano

илегално / легално

ilegal / legal

паметно / глупо

inteligente / tonto

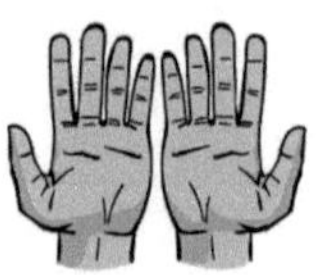

лево / десно

izquierda / derecha

близу / далеко

cerca / lejos

ново / половно

nuevo / usado

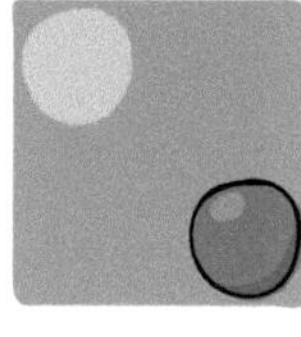

ништа / нешто

nada / algo

старо / младо

viejo / joven

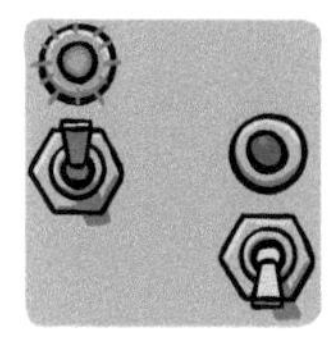

укључено / искључено

encendido / apagado

отворено / затворено

abierto / cerrado

тихо / гласно

silencioso / ruidoso

богато / сиромашно

rico / pobre

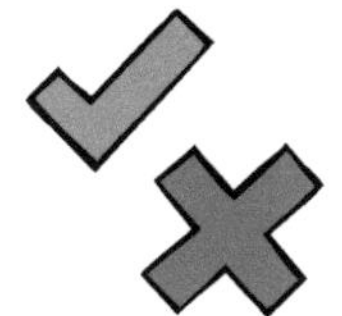

тачно / погрешно

correcto / incorrecto

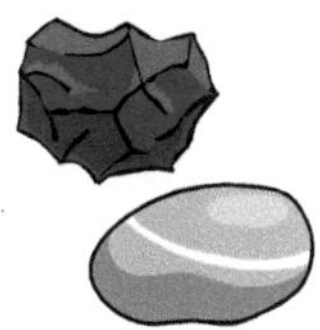

храпаво / глатко

áspero / suave

тужно / сретно

triste / contento

кратко / дуго

corto / largo

полако / брзо

lento / rápido

мокро / сухо

húmedo / seco

топло / хладно

cálido / frío

рат / мир

guerra / paz

бројеви
números

0	1	2
нула	један	два
cero	uno	dos
3	4	5
три	четири	пет
tres	cuatro	cinco
6	7	8
шест	седам	осам
seis	siete	ocho
9	10	11
девет	десет	једанаест
nueve	diez	once

12

дванаест

doce

13

тринаест

trece

14

четрнаест

catorce

15

петнаест

quince

16

шеснаест

dieciséis

17

седамнаест

diecisiete

18

осамнаест

dieciocho

19

деветнаест

diecinueve

20

двадесет

veinte

100

стотину

cien

1.000

хиљаду

mil

1.000.000

милион

millón

језици
idiomas

енглески

inglés

амерички енглески

inglés americano

мандарински кинески

chino mandarín

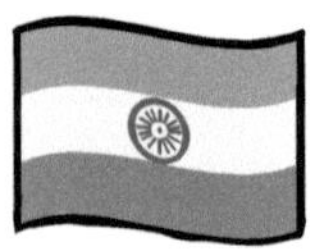

хиндски

hindi

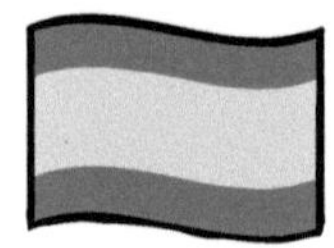

шпански

español

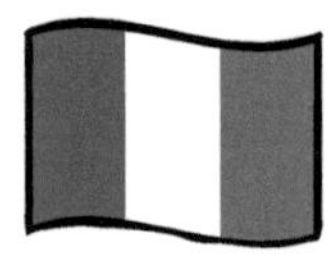

француски

francés

арапски

árabe

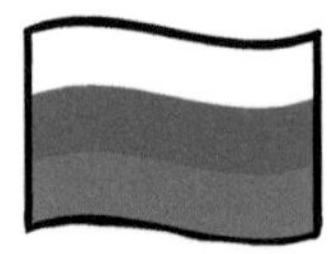

руски

ruso

португалски

portugués

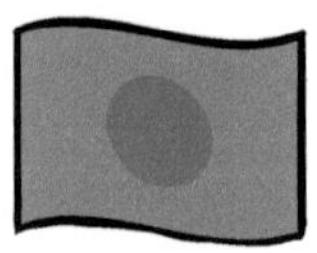

бенгалски

bengalí

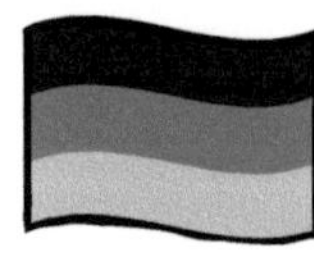

немачки

alemán

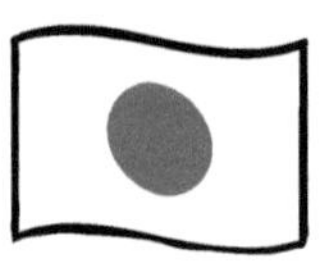

јапански

japonés

ко / шта / како
quién / qué / cómo

ja

yo

ти

tú

он / она / оно

él / ella / ello

ми

nosotros/as

ви

vosotros/as

они

ellos/as

Ко?

¿quién?

Шта?

¿qué?

Како?

¿cómo?

Где?

¿dónde?

Када?

¿cuándo?

име

nombre

где

dónde

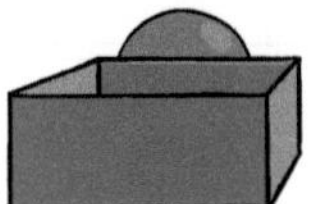

иза

detrás

у

en

испред

delante de

преко

por encima de

на

sobre

испод

debajo de

поред

junto a

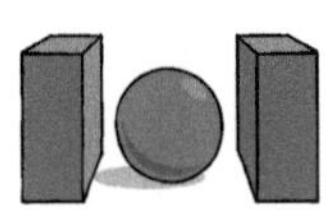

између

entre

место

lugar